ISBN 978-1-332-57368-4
PIBN 10411811

1 MONTH OF
FREE
READING

at

www.ForgottenBooks.com

By purchasing this book you are
eligible for one month membership to
ForgottenBooks.com, giving you
unlimited access to our entire
collection of over 700,000 titles via
our web site and mobile apps.

To claim your free month visit:

www.forgottenbooks.com/free411811

English
Français
Deutsche
Italiano
Español
Português

www.forgottenbooks.com

Mythology Photography **Fiction**
Fishing Christianity **Art** Cooking
Essays Buddhism Freemasonry
Medicine **Biology** Music **Ancient
Egypt** Evolution Carpentry Physics
Dance Geology **Mathematics** Fitness
Shakespeare **Folklore** Yoga Marketing
Confidence Immortality Biographies
Poetry **Psychology** Witchcraft
Electronics Chemistry History **Law**
Accounting **Philosophy** Anthropology
Alchemy Drama Quantum Mechanics
Atheism Sexual Health **Ancient History**
Entrepreneurship Languages Sport
Paleontology Needlework Islam
Metaphysics Investment Archaeology
Parenting Statistics Criminology
Motivational

COLECCION DE AUTORES ESPAÑOLES.

TOMO XLI.

FLORESTA

DE

SÁTIRAS, FÁBULAS, FÁBULAS LITERARIAS, ETRILLAS, SONETOS BURLESCOS, VILLANCICOS, DÉCIMA EPÍGRAMAS Y OTRAS RIMAS FESTIVAS,

ELEGIDA DE LAS OBRAS

DE CÉLEBRES POETAS ESPAÑOLES

POR EL

Dr. EDUARDO BRINCKMEIER.

LEIPZIG:

F. A. BROCKHAUS.

—

1882.

9688
28/III/90

PRÓLOGO.

Ofreciendo á los amigos de la poesia castellana una coleccion de obras festivas de autores españoles mas ó menos célebres, tanto antiguos como modernos, es mi designio el procurar al lector una ocasion cómoda de conocer tambien este ramo de la literatura española, y al mismo tiempo á la nacion española, supuesta tan grave y seria, bajo su aspecto mas nacional. Al arriesgarme á ofrecer al público esta modesta coleccion de poemas satíricas y festivas, siéntome animado por el deseo de que estas rimas apacibles, de buen humor, y que, á pesar de su forma graciosa, en su mayor parte enseñan verdades muy serias, procuren al lector el mismo gusto que han proporcionado al compilador. Los Españoles, dotados de las mas felices disposiciones para la poesia, se muestran especialmente originales y verdaderamente españoles en su poesia festiva, son muy apasionados por ella, y su cultivo ha producido frutos como los que contiene este libro, los cuales tiénen por mejor dote su carácter nacional. Y fué este ramo tan popular, que los autores mas célebres, como Lope de Vega, Góngora, Samaniego, Iriarte, Moratin, Mora, Herrera, Breton de los Herreros, Martinez de la Rosa y otros no se desdeñaban de cultivarle.

He sacado las piezas (mas de 300) aqui contenidas, de las riquezas de un medio centenar de poetas, poco mas ó menos, y propóngome, al publicar la presente coleccion, facilitar á mis lectores los medios de estudiar, en sus fuentes, esta poesia hasta ahora no tan apreciada como se merece, siendo el único ramo de la poesia castellana, que no ha cedido al influjo de literaturas agenas. He hecho la eleccion con toda circunspeccion posible, y muy contento estaré, si mis empresas se merecen el aplauso del benévolo lector. Todas las piezas están copiadas enteramente de las mejores ediciones.

El plan que he seguido para desempeñar mi intento de un modo correspondiente á su objeto, no consistia en dar una série de modelos de perfeccion, sino una idea bastante extensa de la poesia festiva española, admitiendo no solamente los poetas mas célebres, sino tambien algunos menos conocidos, siempre que pudieran servir á la mas completa representacion de las diversas especies de la literatura festiva de España, deseando al mismo tiempo que pudieran ser útiles al lector para distraerle, en un instante de melancolía, y deleitar agradablemente el espíritu.

Conforme con mi plan he abarcado en mi coleccion las varias ramificaciones de la poesia festiva, dando las piezas integras y sin truncarlas, para formar un cuadro

completo de los diversos géneros jocosos cultivados en
España. Se hallarán, entre los juegos del espíritu jo-
vial, rayos verdaderamente ingeniosos é invenciones
originales, llenas de fantasia y gracia, pero se hallarán
tambien hipérbolas, contrastes y paradojas no en uso
en nuestro tiempo, y si á pesar de mi buena voluntad
no he sido feliz en mi empresa, quizá me disculpe la
circunstancia de ser los gustos varios y divergentes. A
lo menos me lisonjeo de haber reunido en esta Floresta lo
que basta para vindicar á los Españoles un lugar honorable
entre los poetas, y quien entienda el castellano, hallará
en ella lo que, sin perjudicar, ameniza y embellece la
vida, pues ninguna de las poesias elegidas carece de
mérito y de agudeza.

Séame permitido esperar que esta coleccion hallará
una aceptacion favorable, y que ella sierva á procurar
nuevos amigos á la poesia española.

Empero, como es justo, el público sera juez acerca
del mérito de estas rimas.

Dr. E. BRINCKMEIER.

INDICE.

INDICE ALFABETICO.

SÁTIRAS.

LOS POETAS BASTARDOS.

Huyendo va la Poesía
Despavorida y temblando,
De una chusma de poetas
Que caza le iban dando,
Y cual javali cercado
De sabuesos y de alanos,
Ó cual temerosa liebre
De la multitud de galgos,
Está la fébea virgen
Rodeada de cosarios,
Que por su desdicha un dia
La encontraron en el campo;
Porque siempre ama los bosques
Y le agrada el despoblado.
Aunque no la conocieron
Por ser poetas bastardos,
Viéndole las sacras sienes
Ceñidas de hiedra y lauro,
Entendieron ser aquella
Á quien profanan cantando,
Y asi la acometen todos
Cargados de cartapacios.
Ella huye á toda prisa,
Ellos tras ella gritando:
Ya por el monte se encumbra,
Ya baja del monte al llano,
Ya tuerce la via seguida,
Ya la deja y va á otro cabo.
Al fin viéndose cansada
Y que la iban alcanzando
Paró, y viendo aquella chusma
De poetas remendados,
Cual con sayo y cual sin capa,
Cual con capa y cual sin sayo,

1⁎

Cual descalzo y cual con calzas,
Cual sin calzas y descalzo,
Cual trae el vestido negro
Cosido con hilo blanco,
Cual en ferreruelo verde
Un remiendo colorado,
Cual trae vuelta la camisa
Por echar fuera el ganado,
Cual sin ella y con jubon
Y el cuello muy botonado,
Cual cojo, cual patituerto,
Cual renco, cual corcobado,
Cual viene sobre un bordon
Con una pierna arrastrando,
Los unos tan llenos de asma
Tosiendo y gargajeando,
Otros mas secos que arista
Que parecen cuartanarios,
Otros los ojos sumidos
Magantos y trasijados,
Como si á eterna dieta
Estuvieran condenados.
Admiróse la Poesia
Su miseria contemplando,
Y como por ser poetas
Estaban en tal estado,
En algo mostró holgarse
Con verlos en tanto daño,
Por ser muerte que ellos mismos
La tomaban con sus manos,
Y que era castigo digno
En paga de su pecado.
Muy llena de alteracion,
El bello color robado,
Está en medio de ellos puesta
Cual hidalgo entre villanos
Temiendo alguna violencia
Como de hombres libertados.
Cual le asía de la ropa,
Cual le tocaba la mano,
Cual le besaba la saya
Y el suelo que habia pisado,
Creyendo que solo aquello
Lo hiciera un mantuano;
Cual se prostraba á sus piés
Demandándole su amparo,
Para poder hacer versos

De repente y de pensado.
Esto le pedían á gritos
Todos juntos voceando
Sin entenderse razon,
Porque parecian hablando
Chacota de caldereros
Ó grajos en campanario.
La virgen fébea no sabe
Que hacerse en tal estado,
Y así aguarda temerosa,
Cuando uno de ellos anciano
De mucha barba en redondo
Cortada y crespo el mostacho,
De unas pantorrillas gordas
Y el rostro muy ampollado,
Con un gran libro en el hombro
Como costal ú otro cargo,
Que era poco un facistol
Para poder sustentallo,
Poniéndose de rodillas,
Las dos manos levantando
Le dice: no te fatiguen
Estos gritos levantados;
Que cochinos y poetas,
Gramáticos, cirujanos,
Adonde quiera que estan
No pueden estar callados:
Esto entendido oye atenta
Nuestro miserable daño,
Y dinos porqué razon
(Si razon vale aquí algo)
Hemos de andar como ves
Sin pan y hechos pedazos?
Consumida la virtud
De andar siempre imaginando,
Corridos de unos y otros
Y con el dedo apuntados,
Y no hay quien lea obra nuestra
Que no la dé á los diablos.
Veo mil otras poetas
Tan tenidos y estimados:
Pues todos hacemos versos
Y á todos cuesta trabajo:
Todos tenemos ingenio
Y todos nos desvelamos.
Lo cual te obligue, señora,
Que de tí nos sea otorgado

Gran número de concetos,
Muchos términos galanos,
Descripciones y epítetos,
Consonantes nunca usados,
Que con esta tu influencia
Subirémos al Parnaso,
Y en medio de sus dos puntas
Nos verémos asentados,
Y en la fuente cabalina
Mojar podremos los lábios,
Aunque no sabemos lenguas
Mas de nuestro castellano;
Y en particular te pido
Por mí, que me des tu amparo,
Que en verdad que soy poeta
Natural, cual lo he mostrado
En un romance que hice
Á la muerte de Don Sancho,
Cuando lo mató Vellido
Con el agudo venablo;
Que guarda los consonantes
Desde el principio hasta al cabo,
Cosa que nadie lo ha hecho
Sino yo con gran trabajo.
Mi familia te encomiendo
Que sigue mis propios pasos,
Pues en ella son poetas
Muger, hijos, perros, gatos,
Que se pega esta poesia
Como si fuera contagio.
Queriendo pasar delante
Hizo un gesto sollozando,
Y cortada su razon
Se quedó de ella colgado,
Boquiabierto, enmudecido,
Sin mover ojo ni labio.
Sonrióse la Poesía
Y dejando el sobresalto,
Movió la divina lengua
Respondiendo á lo hablado:
¡Oh poetas majaderos!
Y como andais engañados,
En seguir tan loco vicio
Y tan sin fruto cansáros.
Quien os fuerza á ser poetas
Habiendo almadrava y rastro?
Y pretender lo que á pocos

Dejó de costar muy caro?
Decid, malditos seais
De Apolo y descomulgados!
Qué entendeis de la poesía?
Qué os puede dar ni quitáros?
Si está la falta en vosotros
Aunque mas quiera ayudáros.
Donde vais, poetas mendigos?
Para qué me andais buscando?
Volved á vuestros oficios,
Volvéos á vuestros tratos,
Pues así morís de hambre
Y jamás os vereis hartos.
Mirad la miseria vuestra,
No seais nécios porfiados:
Mirad que en haciendo versos
No podeís tener un cuarto,
Que es maldicion y castigo
Sin remedio ejecutado;
Y si nada de esta os mueve
Á salir de este pecado,
Yo de parte del dios Febo
Os doy facultad y amparo
Para que hagais mil libros,
Cada uno en cada un año,
Y que cada libro sea
De cuatro dedos en alto,
Y que nadie se entremeta
Sino el vulgo, á examinallos;
Y así mismo os doy licencia
Para montar á Pegaso
Y que os coroneis las sienes
De pámpanos y naranjo,
Y de cuanto mas quisierdes,
Si esto no os deja pagados.
Cesó la elocuente diosa
Y al Parnaso guió el paso,
Quedándose los poetas
Como siempre voceando,
Sobre á cual dió mas gracia
Ó fue mas privilegiado,
Y por esta causa todos
Se andan siempre murmurando.

JUAN DE LA CUEVA.

SÁTIRA CONTRA LOS MALOS ESCRITORES
DE SU TIEMPO.

No mas, no mas callar, ya es imposible:
Allá voy! no me tengan: fuera digo,
Que se desata mi maldita horrible.

No censures mi intento, ó Lelio amigo,
Pues sabes cuanto tiempo he contrastado
El fatal movimiento, que ahora sigo.

Ya toda mi cordura se ha acabado:
Ya llegó la paciencia al postrer punto,
Y la atacada mina se ha volado.

Protesto, que pues hablo en el asunto,
Ha de ir lo de antaño y lo de ogaño,
Y he de echar el repollo todo junto.

Las piedras, que mil días ha que apaño,
He de tirar sin miedo, aunque con tiento,
Por vengar el comun y el própio daño.

Baste ya de un indigno sufrimiento,
Que reprimió con débiles reparos
La justa saña del conocimiento.

He de seguir la senda de los raros:
Que mendigar sufragios de la Plebe,
Acarréa perjuicios harto caros.

Y ya que otro no chista, ni se mueve,
Quiero yo ser satírico Quijote
Contra todo Escritor follon y aleve.

Guerra declaro á todo Monigote;
Y pues sobran justísimos pretextos,
Palo habrá de los piés hasta el cogote.

No me amedrentes, Lelio, con tus gestos,
Que ya he advertido, que el callar á todo
Es confundirse tontos y modestos.

En vano intentas con severo modo
Serenar el furor que me arrebata,
Ni á tus pánicos miedos me acomodo.

¿Quieres que aguante mas la turba ingrata
De tanto nécio, idiota, presumido,
Que vende el plomo por preciosa plata?

¿Siempre he de oir no mas? ¿No pérmitido
Me ha de ser el causarles un mal rato,
Por las muchos peores, que he sufrido?

Tambien yo soy al uso literato,
Y sé decir Rhomboides, Turbillones,
Y blasfemar del viejo Peripato.

Bien sabes que imprimi unas Conclusiones,
Y en famoso teatro argüí récio,
Fiando mi razon á mis pulmones.

Sabes con cuanto afan busco y aprecio
Un libro de impresion Elzeviriana,
Y le compro, aunque ayune, á todo precio.

Tambien el árbol quise hacer de Diana;
Mas faltóme la plata del conjuro,
Aunque tenia vaso, nitro y gana.

Voy á la Biblioteca, alli procuro
Pedir libros, que tengan mucho tomo,
Con otros chicos de lenguage oscuro.

Apunto en un papel, que pesa el plomo,
Que Dioscorides fué grande Herbolaria,
Segun refiere Wandenlarchk el Romo,

Y alego de noticias un almario,
Que pudieran muy bien, segun su casta,
Aumentar el *Mercurio literario.*

Hablo Francés aquello que me basta
Para que no me entiendan, ni yo entienda,
Y á fermentar la Castellana pasta.

Y aun por eso me *choca* la Leyenda,
En que no *arriva* hallarse un *apanage*
Bien entendido, que al discreto ofenda.

Batir en ruina es célebre *pasage*
Para adornar una española *pieza,*
Aunque Galvan no entienda tal potage.

¿Qué es esto, Lelio? ¿Mueves la cabeza?
¿Que no me crees dices? ¿Que yo mismo
Aborrezco tan bárbara simpleza?

Tienes, Lélio, razon: de este idiotismo
Abomino el ridiculo ejercicio,
Y huyo con gran cuidado de su abismo.

La práctica de tanto error y vicio
Es empero (segun te la he pintado)
De un moderno Escritor sabido oficio.

Hácele la ignorancia mas osado;
Y basta que no sepa alguna cosa,
Para escribir sobre ella un gran Tratado.

Y si acaso otra pluma mas dichosa
En docto escrito deleytando instruye,
Se le exalta la bílis envidiosa.

Y en fornido volúmen, que construye,
(Empuñando por pluma un varapalo)
Le acribilla, le abrasa, le destruye.

Ultrajes y dictérios son regalo
En que abundan tan torpes escrituras,
Siendo cada palabra un fuerte palo.

En todo lo demás camina á oscuras,
Y el asunto le olvida, ó le defiende
Con simplezas, é infieles imposturas.

Su ciencia solo estriba en lo que ofende,
Y como él diga desvergüenzas muchas,
La razon ni la busca, ni la entiende.

A veces se prescinde en estas luchas,
Y hace toda la costa el propio Marte,
En que hay plumas tambien que son muy duchas.

No menos ignorancia se reparte
En estas infelices producciones,
De que Dios nos defienda y nos aparte.

Fíjanse en las esquinas cartelones,
Que al poste mas macizo y berroqueño
Le levantan ampollas y chichones.

Un título pomposo y alhagueño,
Impreso en un papel azafranado,
Dá del libro magnifico diseño.

Atiza la gaceta por su lado;
Y es gran gusto comprar por pocos reales
Un librejo amarillo y jaspeado.

Caen en la tentacion los animales,
Y aun los que no lo son, porque desean
Ver á sus compatriotas racionales.

Pero, ¡oh dolor! mis ojos no lo vean:
Al leer del frontis el renglon postrero,
La esperanza y el gusto ya flaquean.

Marin, Sanz ó Muñoz son mal aguero,
Pues engendran sus nécias oficinas
Todo libro civil y chapucero.

Crecen á cada paso las mohinas,
Viendo brotar por planas y renglones
Mil sandeces insulsas y mezquinas.

Toda Dedicatoria es clausulones,
Y voces de pié y medio, que al Mecenas
Le dan, en vez de inciensos, coscorronos.

Todo Prólogo entona cantilenas,
En que el autor se dice gran supuesto,
Y Bachiller por Lugo ó por Athenas.

No menos arrogante é inmodesto
Pondera su proyecto abominable,
Y ofrece de otras obras dar un cesto.

. Yo lo fio, copiante perdurable,
Que de ajenos andrajos mal zurcidos,
Formas un libro ingerto en porro ó sable;
    Y urgando eu albañales corrompidos
De una y otra asquerosa Poliantéa,
Nos apestos el alma y los sentidos.
    El estilo y la frase inculta y fea
Ocupa la primera y postrer llana,
Que leo enteras, sin saber que lea.
    No halla la inteligencia, siempre vana,
Sentido en que emplearse, y en las voces,
Derelinquies la frase Castellana.
    ¿Por qué nos das tormentos tan atroces?
Habla, bribon, con ménos retornelos,
A paso llano, y sin vocales coces.
    Habla como han hablado tus abuelos,
Sin hacer profesion de boquilobo,
Y en tono que te entienda Cienpozuelos.
    Perdona, Lelio, el descortés arrobo,
Que en llegando á esté punto no soy mio,
Y estoy con tales cosas hecho un bobo.
    Déjame lamentar el desvario
De que nuestra gran lengua esté abatida,
Siendo de la elocuencia el mayor rio.
    Es general locura tan crecida,
Y casi todos hablan, cual pudiera
Belloso Geta, ó rústico Numida.
    ¡Y á estos respeta el Tajo! ¡A estos venera
Manzanares, y humilde los adora!
¡O ley del barbarismo ágria y severa!
    Preguntarásme acaso, Lelio, ahora
Cuáles son los implícitos Escribas
Contra quienes mi pluma se acalora.
    Yo te daré noticias positivas,
Cuando hable *nominatin* de estos payos,
Y les ponga el pellejo como cribas.
    Mas claro que cincuenta papagayos
Dirá sus nombres mi furioso pico,
Sin rodeos, melindres, ni soslayos.
    ¿La frente arrugas? ¿Tuerces el hocico?
¿Al *nominatin* haces arrumacos?
Óyeme dos palabras te suplico.
    Yo no he de llamar á estos bellacos
Palabra a guna, que la ley detesta,
Ni diré que son putos, ni berracos.

Solo diré, que su ignorante testa,
Animada ,de torpe y brutal mente,
Al mundo racional le es muy infesta.

Tontos los llamaré tan solamente,
Y que sus Libros á una vil cocina
Merecen ser llevados prestamente.

A que Dominga rústica y mohina,
Haga de ellos capaces cucuruchos
Á la pimienta y á la especia fina:

De este modo han escrito otros mas duchos
Satíricos de grados y corona,
De que dá la leyenda exemplos muchos.

En sus versos *Lucilio* no perdona
Al Cónsul, al Plebeyo y Caballero,
Y hace patente el vicio y la persona.

Ni Lelio adusto, ni Scipion severo
Del poeta se ofenden, aunque mage
Á Metello y á Lupo en su mortero.

Cualquiera sabe, aunque sea Page,
Que *Horacio* con su pelo y con su lana
Satiriza el pazguato y el bardage;

Y entre otros, á quien zurra la badana,
(Por defectos y causas diferentes)
Con *Cassio* el Escritor no andavo rana.

Pues montas, si furioso hincó los dientes,
Al culto *Alpino*, aquel que en sus cantares
Degollaba Memnones inocentes;

El que pintaba al Rhin los aladares
En versos tan malditos y endiablados,
Como pudiera el mismo *Cañizáres*.

Persio á todo un *Neron* tiró bocados,
Y sus conceptos saca á la vergüenza
Á ser escarnecidos y afrentados.

Juvenal su labor asi comienza,
Y á *Codro* el Escritor nombra y censura,
Sin que se tenga á mucha desvergüenza.

No solo la *Theseida* le es muy dura:
A *Télefo* y á *Oreste* espiritado
Tambien á puros golpes los madura.

Con esto á sus Autores hunde un lado,
Si á Cluviena le quiebra una costilla,
Y una pierna á *Mathon* el Abogado.

Con libertad en fin pura y sencilla
Observa en toda su obra el mismo estilo,
Nombrando á cuantos leí yo la cartilla.

Y por si temes que me falte asilo,
En ejemplo de Autor propio y casero,
Uno he de dar, que te levante en bilo.

Cervantes, el divino viagero,
El que se fué al Parnaso piano piano
Á cerner Escritores con su harnero;

Si el gran Mercúrio no le va á la mano,
Echa á Lofraso de la Navę al Ponto
Por escritor soez y chabacano.

De *Arbolanches* descubre el génio tonto:
Nombra á *Pedrosa*, novelero infundo,
Y en *criticar* á entrambos está pronto.

Sigue el *Pastor de Iberia*, Autor nefando,
Y el que escribió *la Pícara Justina*,
Capellan lego del contrario bando.

Y si este libro tonto se acrimina,
¿Qué habria si al *Alfonso* áspero y duro
Le pillase esta musa censorina?

Otros mas con intento casto y puro
Ata de su censura á la fiel rueda,
Y les hace el satíricio conjuro;

Aunque implicitamente, y sin que pueda
Discernir por la bulla y mescolanza
Qual es Garcilazista, ó Timoneda.

Bien la razon de su razon se alcanza,
Porque como él, en versos placenteros,
Intima en el discurso de su andanza:

Cernícalos, que son lagartigeros,
No esperen de gozar las preeminencias,
Que gozen gavilanes no pecheros.

Cesen ya, Lelio, pues, tus displicencias,
Y á vista de tan nobles ejemplares
Ten los recelos por impertinencias.

Y escusemos de dares y tomares,
Que el hablar claro siempre fué mi maña,
Y me como tras ello los pulgares.

Conozco que el fingir me aflige y daña;
Y así á ló blanco siempre llamé blanco,
Y á *Mañer* le llamé siempre alimaña.

No por eso mi genio liso y franco
Se empleará tan solo en la censura
Del escrito, que crea cojo ó manco.

Con igual gusto, con igual lisura
Dará elogios, humilde y respetoso,
Al que goza en el mundo digna altura.

Que no soy tan mohino y escabroso,
Que me aponga al honor, crédito y lustre
De Autor, que es benemérito y famoso.
    Pero, ¡oh cuan corto que es el bando ilustre!
¡Cuan pocos los que el juste Jove ama,
Y en quien mi saña crítica se frustre!
    Ya ves, cuan impetuosa se derrama
La turba multa de Escritores memos,
Que escriben á la hambre, y no á la fama.
    Y asi no estrañes, no, que en mis extremos
Me muestre mas sañudo que apacible, .
Pues me esfuerza el estado en que nos vemos.
    La vista de un mal Libro me es terrible;
Y en mi mano no está, que en este caso
Me deje dominar de la irascible.
    Dias ha que con ceño nada escaso
Hubiera desahogado el entresijo
De las fatigas tétricas que paso,
    Si tú, en tus cobardías siempre fijo,
No hubieras conseguido reportarme;
Pero ya se fué, amigo, quien lo dijo.
    De aqui adelante pienso desquitarme;
Tengo de hablar, y caiga el que cayere
En vano es detenerme y predicarme.
    Y si acaso tú ú otro me dijere,
Que soy semipagano, y corta pala,
Y que este empeño mas persona quiere,
    Sabe, Lelio, que en esta cata y cala
La furia que me impele, y que me ciega,
Es la que el desempeño me señala;
    Que aunque es mi Musa principiante y lega,
Para escribir contra hombres tan perversos,
Si la naturaleza me lo niega,
La misma indignacion me hará hacer versos.

                                        JORGE PITILLAS.

———————

A GERONCIO.

Cosas pretenden de mí
Bien opuestas en verdad
Mi médico, mis amigos,
Y los que me quieren mal.
Dice el doctor: Señor mio,
Si usted ha de pelechar,

Conviene mudar de vida,
Que la que lleva, es fatal.
Débiles los nervios, débil
Estómago, y vientre está:
¿Pues qué piensa que resulte
De tanta debilidad?
Si come, no hay digestion;
Si ayuna, crece su mal,
A la obstruccion sigue el flato,
Y al tiritou el sudar.
Vida nueva, que si en esta
Dura dos meses no mas,
Las tres facultades juntas
No le han de saber curar.
No traduzca, no interprete,
No escriba versos jamas.
Miedos y Musas le tienen
Hecho un trasgo de hospital:
Y esos papeles y libros,
Que tan mal humor le dan,
Tírelos al pozo, y vayan
Plauto y Moreto detras.
Salga de Madrid, no esté
Metido en su mechinal,
Ni espere á que le derrita
El ardor canicular.
La distraccion, la alegría
Rústica le curarán:
Mucho burro, muchos baños,
Y mucho no trabajar.
En tanto que esta sentencia
Fulmina la facultad,
Mis amigos me las mullen
En junta particular.
Dicen: ¡Oh, si Moratín
No fuese tan haragan,
Si de su modorra eterna
Quisiera resucitar!
El ha sabido adquirir
La estimacion general;
Aplauso y envidia excita
Cuanto llega á publicar:
Le murmuran; peró nadie
Camina por donde él va:
Nadie acierta con aquella
Difícil facilidad;
Y si él quisiera escribir

Tres cuadernillos no mas,
¿La caterva de pedantes
Adónde fuera á parar?
¿Qué se hiciera. tanto insulso
Compilador ganapan,
Que de francés en gabacho
Traducen el pliego á real?
¿Tanto hablador, que á su arbitrio
Méritos rebaja y da,
Tiranizando las tiendas
De Perez y Mayoral?
No, señor, quien ha tenido
La culpa deste desman,
Si escuchara un buen consejo,
Lo pudiera remediar.
Tomasen la providencia
De meterle en un zaguan,
Con su candil, su tintero,
Pluma y papel, y cerrar:
Y allí con racion escasa
De queso, agua fresca y pan,
Escribiese cada dia
Lo que fuera regular.
¿Emporcaste un pliego?   Lindo:
Almuerza y vuelve al telar:
Come, si llenaste cuatro;
Cena, si acabaste ya.
¿Quieres tocino?   Veamos
Si está corregido el plan.
¿Quieres pesetas?   Pues daca
El *Drama sentimeutal.*
Por cada escena, dos duros
Y un panecillo te dan,
Por cada *pequeña pieza*
Un *vale dinero*, y mas.
Y de este modo, en un año
Pudiéramos aumentar
De los cómicos hambrientos
El exprimido caudal.
Esto dicen mis amigos
(Reniego de su amistad):
Mi suegro, si le tuviera,
No dijera cosa igual.
Esto dicen, y en un corro
Siete varas mas allá,
Don Mauricio, don Senen,
Don Cristóbal, don Beltran,

Y otros quince literatos,
Que infestan la capital,
Presumidos, ya se entiende,
Doctos á no poder mas;
Dicen: Moratín cayó,
Bien le pueden olear;
No chista ni se rebulle,
Ya nos ha dejado en paz.
Su *Baron* no vale nada;
No hay enredo allí, ni sal,
Ni caractéres, ni versos,
Ni lenguaje, ni ... Es verdad,
Dice don Tiburcio: ayer
Me aseguró don Cleofas,
En casa de la condesa
Viuda de Madagascar,
Que es traduccion muy mal hecha
De un drama antiguo aleman ...
— Sí, traduccion, traduccion,
Chillan todos á la par,
Traduccion ... ¿Pues él por donde
Ha de saber inventar?
No, señor, es traduccion.
Si él no tiene habilidad,
Si él no sabe, si él no ha sido
De nuestro corro jamas,
Si nunca nos ha traido
Sus piezas á examinar:
¿Qué ha de saber? — ¡Pobre diablo!
Exclama don Bonifaz:
Si yo quisiera decir
Lo que ... pero bueno está.
— ¡Oiga! ¿pues qué ha sido? Vaya,
Díganos usted. — No tal,
No. Yo le estimo, y no quiero
Que por mí le falte el pan.
Yo soy muy sensible: soy
Filósofo, y tengo ya
Escritos catorce tomos
Que tratan de humanidad,
Beneficencia, suaves
Vínculos de afecto y paz;
Todo almíbares, y todo
Deliquios de amor social;
Pero es cierto que ... si ustedes
Me prometieran callar,
Yo les contara. — Sí, diga

Usted, nadie lo sabrá;
Diga Usted. — Pues bien, el caso
Es que ese cisne inmortal,
Ese dramático insigne
Ni es autor, ni le será.
No sabe escribir, no sabe
Siquiera deletrear. ·
Imprime lo que no es suyo,
Todo es hurtado, y ... ¿Qué mas?
Sus comedias celebradas,
Qua tanta guerra nos dan,
Son obra de un religioso
De aqui de la Soledad.
Dióselas para leerlas
(Nunca el fraile hiciera tal),
No se las quiso volver;
Murióse el fraile, y andar ...
Digo, ¿me explico? — En efecto,
Grita la turba mordaz,
Son del fraile. Ratería,
Hurto, robo, claro está.
Geroncio, mira si puede
Haber confusion igual:
Ni sé qué hacer, ni confio
En lo que hiciere acertar.
Si he de seguir los consejos
Que mi curador me da,
Si he de vivir, no conviene
Que pida á mis nervios mas.
Confundir á tanto necio
Vocinglero pertinaz,
Que en la cartilla del gusto
No pasó del *cristus, a*;
Componer obras, que piden
Estudio, tranquilidad,
Robustez, y el corazon
Libre de todo pesar,
No es empresa para mí:
Tú, Geroncio, tú me das
Consejo. ¿Como supiste
Imponer, aturrullar,
Y adquirir fama de docto
Sin hacer nada jamas?
Tú, maldito de las Musas,
Que lleno de gravedad,
De todo lo que no entiendes
Te pones á disertar;

¿Como sin abrir un libro,
Por esos calles te vas
Haciéndote el corifeo
De los grajos del lugar,
Y con ellos tragas, brindas
Y engordas como un bajá,
Y duermes tranquilo, y nadie
Sospecha tu necedad?
Dime, si podré adquirir
Ese don particular;
Dame una leccion siquiera
De impostor y charlatan,
Y verás como al instante
Hago con todas la paz,
Y olvido lo que aprendí,
Para lucir y medrar.

LEANDRO FERNÁNDEZ DE MORATIN.

EL FILOSOFASTRO.

A CLAUDIO.

Ayer don Ermeguncio, aquel pedante
Locuaz declamador, á verme vino
En punto de las diez. Si de él te acuerdas,
Sabrás, que no tan solo es importuno,
Presumido, embrollon, sino que á tantas
Gracias añade la de ser goloso,
Mas que el perro de Filis. No te puedo
Decir con cuantas indirectas frases,
Y tropos elegantes y floridos,
Me pidió de almorzar. Cedi al encanto
De su elocuencia, y vieras conducida
Del rústico gallego que me sirve,
Ancha bandeja con tazon chinesco
Reboscando de hirviente chocolate
(A tres pages hambrientos y golosos
Racion cumplida), y en cristal luciente,
Agua que serenó barro de Andújar;
Tierno y sabroso pan, mucha abundancia
De leves tortas y bizcochos duros,
Quo toda absorben la pocion suave
De Soconusco, y su dureza pierden.

No con tanto placer el lobo hambriento
Mira la enferma res, que en solitário
Bosque perdió el pastor, como el ayuno
Huésped el don que le presento opimo.
Antes de comenzar el gran destrozo,
Altos elógios hizo de fragante
Aroma que la taza despedia,
Del esponjoso pan, de los dorados
Bollos, del plato, del mantel, del agua;
Y empieza á devorar. Mas no presumas
Que por eso calló: diserta y come,
Engulle y grita, fatigando á un tiempo
Estómago y pulmon. ¡Qué cosas dijo!
¡Cuanta doctrina acumuló, citando,
Vengan al caso ó no, godos y etruscos!
Al fin, en ronca voz: ¡Oh edad nefanda,
Vicios abominables! ¡oh costumbres!
¡Oh corrupcion! exclama; y de camino
Dos tortas se tragó. ¡Que á tanto llegue
Nuestra depravacion, y un placer solo
Tantos afanes y dolor produzca
A la oprimida humanidad! Por este
Sorbo llenamos de miseria y luto
La América infeliz; por él Europa,
La culta Europa en el oriente usurpa
Vasta regiones, porque puso en ellas
Naturaleza el cinamomo ardiente;
Y para que mas grato el gusto adule
Este licor, en duros eslabones
Hace gemir al atezado pueblo,
Que en Africa compró, simple y desnudo.
¡Oh! ¡qué abominacion! Dijo, y llórando
Lágrimas de dolor, se echó de un golpe
Cuanto en el hondo cangilon quedaba.
Claudio, si tu no lloras, pues la risa
Llanto causa tambien, de mármol eres:
Que es mucha erudicion, celo muy puro,
Mucho prurito de censura estóica
El de mi huésped; y este celo, y esta
Comezon docta, es general locura
Del filosofador siglo presente.
Mas difíciles somos y atrevidos
Que nuestros padres, mas innovadores,
Pero mejores no. Mucha doctrina,
Poca virtud. No hay picaron tramposo,
Venal, entremetido, disoluto,
Infame delator, amigo falso,

Que ya no ejerza autoridad censoria
En la Puerta del Sol, y· allí gobierne
Los estados del mundo, las costumbres,
Los ritos y las leyes mude y quite.
Próculo, que se viste y calza y come
De calumniar y de mentir, publica
Centones de moral. Nevio, que puso
Pleito á su madre y la enceró por loca,
Dice que ya la autoridad paterna
Ni apoyos tiene ni vigor, y nace
La corrupcion de aqui. Zenon, que trata
De no pagar á su pupila el dote,
Habiéndola comido el património
Que en su mano rapaz la ley le entrega,
Dice que no hay justicia, y se conduele
De que la probidad es nombre vano.
Rufino, que vendió por precio infame
Las gracias de su esposa, solicita
Una insignia de honor. Camilo apunta
Cien onzas, mil, á la mayor de espadas,
En ilustres garitos disipando
La sangre de sus pueblos infelices,
Y habla de patriotismo ... Claudio, todos
Predican ya virtud, como el hambriento
Don **Ermeguncio** cuando sorbe y llora ...
¡Dichoso aquel que la practica y calla!

LEANDRO FERNÁNDEZ DE MORATIN.

SÁTIRA CONTRA LOS MALOS POETAS.

¿No es, señor, graciosisimo donayre,
Que por cuatro renglones mal compuestos
Se haga un hombre un odre, **un** papo de ayre?
Vereis los otros graves hechos cestos,
Porque al principio de una obrilla suya
Cercados pintan de laurel sus gestos.
¿Y que no se averguenze y se destruya
Esotro de vivir mas que· sus obras,
Y que se las arrojen como puya?
¿Cuanto mejor y libre de zozobras
Vivirá el que aunque tenga mil barrigas
Se dejáre hartar de agenas sobras?

Mas está el vulgo tal, que de las migas
Del gañon estrangero siente el ajo,
Su estiércol no; la mota, y no sus vigas.

Y piensa que nació para espantajo,
Y que come en el mundo el pan de valde
Quien á la fama no la tira un tajo.

Oídole habreis ya, pero escuchadle:
Aquel primer historiador romano,
Que en esto de escribir se hizo Alcalde,

El seso, dice, o el juicio humano
Que quiere al de los brutos preferirse,
Y hacerse inmortal y soberano;

No debe entre silencios referirse,
Como las bestias, que sirviendo al vientre
Viven hasta del alma despedirse.

No ha de haber fama dó escribir no entre,
A bien, o mal, aquella. aquesta vanda,
Y asi será forzoso que la encuentre,

Asi la Medicina anda cual anda,
Las Leyes, Metafísica y las Artes,
Asida a la respuesta la demanda.

Todo está en mil razones de ambas partes,
Tanto que la razon ya no la tiene,
Y os probarán que el Martes ya no es Martes.

Pues cuando con las cosas no conviene
Aquello que se prueba, injustamente
La razon por razones se mantiene.

Y que esto no convenga, bien se siente,
Pues dos partes contrarias hallaremos
Quien ambas con razones nos sustente.

Pues no podrán juntarse los extremos,
A ser verdad aquesto, y su contrario,
Sino es que fé por descansar hacemos.

Escuche cada cual su campanario,
Que mas libros veréis de cada cosa
Que golpes da en el año un boticario.

Corte esotro su pluma melindrosa,
Que no le ha de faltar quien le persiga
Como con caperuza á mariposa.

A cuanto decir pueden dó una higa;
Y pues no ha de faltar quien de mi mofe,
Decir quiero, y pagarme antes que él diga.

¿Pensais que tengo yo de echar el bofe
Porque á mi nombre se le quite gorra
En el Cayro, en Marruecos y en Gelofe?

Mejor es que mi pluma vuele y corra
Por dó le pareciere, y nunca gane
Laurel, sino algun hopo de una zorra.

Ensarte hartas coplas, y devane
El largo hilo que á las Musas tira,
Hasta que con los otros me hilvane;

Y llámenme Poeta de mentira:
Ya yo gasté mi tiempo entre dolores,
Esperanzas, sospechas, zelos, ira,

Cuidados, pasatiempos, y temores.
Penas, martirios, como esotros bambos,
Que mientras mas discretos son mayores.

Yo ya me estuve un año en versos yambos
Midiendo cada pié con cien vocales,
Porque fuesen dulcísimos entrambos:

Y ya gasté mis horas y reales,
En leer y comprar cuantos poetas
Se hallaron en cien mil bandurriales:

Que pintan las facciones mas perfectas
Del cuerpo de una moza, que ella tiene
El ancho pecho y las redondas tetas,

El claro rostro con que el sol detiene,
La alegre vista, los risueños ojos
Dó el amor se sustenta y se mantiene.

¿Mas quien me pone á mi en estos enojos,
Si viene á nuestra parva la langosta,
Y no nos deja mas que los rastrojos?

Libros son que no igualan á la costa,
Sin ciencia los mas de ellos, y sin tomo,
Y parecen, que en esto van aposta.

Y pudiera decirse de ellos como
Socrates de Anaxágoras, habiendo
Visto su libro y bulto por el lomo.

Por aquí le pudieran ir leyendo,
Pues por dó mas escrito mas vacío,
Lo mas es malo, lo demás no entiendo.

Unos vereis que son de estilo frio,
Otros de ingénio seco, y tan ayuno
Que lo mas delicado es desvario.

Otros cuyo principio es importuno
Con un largo preámbulo, y al cabo
Ligero cual las aguas de Neptuno.

Otros hay que les pesa tanto el rabo,
Tan llenos de sentencias fabulosas,
Que pretenden á Ovidio verle el cabo.

Al fin un almacen de muchas cosas;
Y otros que con no mas de. decir muero,
Os harán cuatro mil cuentos de glosas.

Sino echad ojo al viejo Cancionero,
Y esotros que de nuevo ya navegan
Cascados como sones de pandero.

Dó veréis, que en la bella cuantos llegan,
Y en viveleda, y otros textos táles
A diestro y á siniestro dan y pegan.

Pues las comparaciones celestiales,
A cada paso luna, sol, estrellas,
Y llenos de conceptos teologales;

Pues las lágrimas tristes, las querellas.
Sin salir todo el libro de este punto,
Y sin mostrarnos mas que el nombre de ellas;

Es cosa, que á las veces yo barrunto,
Que se van tras el curso y la corriente,
O los pasados la digeron junto.

Mucho agrada el estilo diferente,
Asi como aprovecha el semejante
Al que en las ciencias puso pecho y frente.

Y cuando ya nos cansa lo elegante,
Pasar conviene al amoroso estilo,
Y de este dar dos tumbos al farsante.

Que en este o en aquel descansa el hilo,
Y cobra nuevo aliento, y cobra humores
Para dar á las Musas mas pavílo.

El tierno verso es dado á los amores,
El hinchado á las guerras, y el risueño
A lo que han de escribir reprehensores.

Mas no ha de ser el hombre tan cenceño
Que lleve siempre en guerra el tenor grave,
Y en escribir amores zahareño.

El descuido de industria muy bien sabe,
Y allí tiene sus puntas de cuidado,
Y no hay reprehensor que no lo alabe.

Mas el que en todas cosas va hinchado,
Y el que todo lo hace de artificio,
A todas cansa, y él irá cansado.

Y tomar tan á pechos este oficio
Que presumen llevarlo por los cabos,
Asi como es trabajo., es grande vicio.

Mas asi como es malo ir tan esclavos,
Es malo ir tan esentos de contino,
Que llamen odoríferos los nabos.

Dijo el otro: Danubio rió divino,
Y otro: ancha luna, y las divinas aves,
Mudado por ventura en golondrino.

Y otro en heróico estilo llamó naves
Despalmadas, y bancos de galeras,
Á las hermosas damas y suaves.

Otros poetas hay que sus maneras
De escribir nunca sacan de pastores,
De alisos dulces, liquidas praderas.

Las tiernas yerbas y las verdes flores:
No hay diferencia entre Égloga y Soneto,
Ni entre poetas, ni entre historiadores.

Todo guarda un estilo y un conceto,
Como sastre que seda, lienzo y paño
La pretende coser con hilo prieto.

Y algunos de estos hay, por mas regaño,
Que meten sus latines en romance,
Como quien con el oro suelda estaño.

Y aquesto tienen por tan alto trance
Que porque pide su labor comentos,
No piensan que hay varon que los alcanze.

Y no sospechan estos papavientos
Que la coplas que van de estilo obscuro,
Cumplidas de pesados parlamentos,

Aunque quieran casallas con un muro,
No les han de poder poner reparo,
Sino les dan trescientas mil de juro.

En cuanto al humo excede el aire raro,
Y en cuanto á triste noche alegre dia,
En tanto al escribir obscuro el claro.

Hay tanto que saber en la Poesia,
Y mas para él que sabe poco de ella,
Que él que supiese bien, no escribiría:

Sino que luego forman gran querella
Su ciencia, que por dicha vale un higo,
Sino sabe que el mundo sabe de ella.

Luego sin tiempo brota el cabrahigo,
Y entiende que él que sabe entonces, sabe
Si de que sabe sabe que hay testigo.

No hay quien al apetito ponga llave,
Queriendo lastimar, herido quedo,
Que al fin es dulce que otro nos alabe.

No cabe en sí de gasajoso y ledo
El ánimo, o sea bajo o generoso,
Cuando otro nos señala con el dedo.

   Veislo dó va el Teólogo famoso,
El Médico excelente, el gran Poeta,
El claro Matemático ingenioso.
   Cualquier ingenio noble se inquieta,
Y vuela con las plumas de alabanza,
Y mas si es hijo del postrer planeta.
   O si el segundo y el tercero alcanza
Que dé loa futura, y sin provecho
Le hacen engendrar vana esperanza.
   ¿Porque uno escriba mal, qué mal ha hecho?
¿Que se meda que acierte, o que dispáre?
Escriban pues, Señor, todos á hecho,
Y sea hí de ruin quien se enojáre.

JUAN JAUREGUI Y AGUILAR.

SÁTIRA.

Quis tam patiens ut teneat se?
JUVENAL.

   Déjame, Arnesto, déjame que llore
Los fieros males de mi patria, deja
Que su ruina y perdicion lamente;
Y si no quieres que en el centro oscuro
De esta prision la pena me consuma,
Déjame al menos que levante el grito
Contra el desórden: deja que á la tinta
Mezclando hiel y acíbar, siga indocil
Mi pluma al vuelo del bufon de Aquino.
¡Oh cuanto rostro veo á mi censura
De palidez y de rubor cubierto!
¡Ánimo! amigos; nadie tema, nadie
Su punzante aguijon, que yo persigo
En mi sátira al vicio, no al vicioso.
¿Y qué querrá decir, que en algun verso
Encrespada la bílis, tire un rasgo,
Que el vulgo crea que señala á Alcinda?
La que olvidando su orgullosa estirpe,
Baja vestida al prado, cual pudiera
Una maja con trueno y rascamoño:
Alta la ropa, erguida la caramba,
Cubierta de un cendal mas trasparente

Que su intencion, á ojendas y meneos
La turba de los tontos convitando.
¿Podrá sentir que un dedo malicioso,
Apuntando este verso, la señale?
Ya la notoriedad es el mas noble
Atributo del vicio, y nuestras Julias
Mas que ser malas quieren parecerlo.
Habo un tiempo en que andaba la modestia
Dorando los delitos: hubo un tiempo
En que el recato tímido cubría
La fealdad del vicio, pero huyóse
El pudor á vivir en los cabañas.
Con él huyeron los dichosos dias
Que ya no volverán: huyó aquel siglo
En que aun las necias burlas de un marido
Las bascuñanas crédulas tragaban.
Mas hoy Alcinda desayuna al suyo
Con ruedas de molino: triunfa, gasta,
Pasa saltando las eternas noches
Del crudo enero, y cuando el sol tardío
Rompe el oriente, admírala golpeando,
Cual si fuese una extraña, al propio quicio.
Entra barriendo con la nudosa falda
La alfombra, aquí y alli cintas y plumas
Del enorme tocado siembra; y sigue
Con débil paso soñolienta y mustia,
Yendo aun Fabio de su mano asido,
Hasta la alcoba, donde á pierna suelta
Ronca el cornudo, y sueña que es dichoso.
Ni el sudor frio, ni el hedor, ni el rancio
Eructo le perturban. A su hora
Despierta el necio: silencioso deja
La profanada holanda, y guarda atento
A su asesina el sueño mal seguro.
¡Cuántas, o Alcinda, á la coyunda uncidas
Tu suerte envidian! ¡Cuántas de himeneo
Buscan el yugo por lograr tu suerte!
¡Y sin que invoquen la razon, ni pese
Su corazon los méritos del novio,
El sí pronuncian, y la mano alargan
Al primero que llega! ¡Qué de males
Esta maldita ceguedad no aborta!
Veo apagadas las nupciales teas
Por la discordia con infame soplo
Al pié del mismo altar; y en el tumulto,
Brindis y vivas de la tornaboda,
Una indiscreta lágrima predice

Guerras y oprobios á los mal unidos.
Veo por mano temeraria roto
El velo conyugal, y que corriendo
Con la impudente frente levantada,
Va el adulterio de una casa en otra:
Zumba, festeja, rie, y descarado
Canta sus triunfos, que tal vez celebra
Un necio esposo, y tal del hombre honrado
Hieren con dardo penetrante el pecho,
Su vida abrevian, y en la negra tumba
Su horror. su afrenta y su especho desconden.
¡Oh viles almas! ¡Oh virtud! ¡Oh leyes!
¡Oh pundonor mortífero! ¿Qué causa
Te hizo fiar á guardas tan infieles
Tan preciado tesoro? ¿Quien ¡oh Témis!
Tu brazo sobornó? Le mueves cruda
Contra las tristes víctimas que arrastra
La desnudez ó el desamparo al vicio:
Contra la débil huérfana, del hambre
Y del oro acosada, ó al halago,
La seduccion y el tierno amor rendida;
La expilas, la deshonras, la condenas
A incierta y dura reclusion; y en tanto
¿Ves indolente en los dorados techos
Cobijado el desórden, ó le sufres
Salir en triunfo por las anchas plazas,
La virtud y el honor escarneciendo?
¡O infamia! ¡o siglo! o corrupcion! Matronas
Castellanas, ¿quién pudo vuestro claro
Pundonor eclipsar? ¿Quién de Lucrecias
En Lais vos volvió? ¿Ni el proceloso
Océano, ni lleno de peligros
El Lilibeo, ni los árduas cumbres
De Pirené pudieron guareceros
Del contagio fatal? Zarpa preñada
De oro la nao gaditana, aborda
A las orillas gálicas, y vuelve
Llena de objetos fútiles y vanos;
Y entre los signos de extrangera pompa
Ponzoña esconde y corrupcion, comprados
Con el sudor de las iberas frentes;
Y tú, mísera España, tú la esperas
Sobre la playa, y con afan recoges
La pestilente carga, y la repartes
Alegre entre tus hijos. .Viles plumas, ·
Gasas y cintas, flores y penachos
Te trae en cambio de la sangre tuya:

De tu sangre, ¡o baldon! y acaso, acaso
De tu virtud y honestidad. Repara
Cual la liviana juventud los busca.
Mira cual va con ellos engreída
La impudente doncella: su cabeza
Cual nave real en triunfo apavesada
Vana presenta del favonio al soplo
La miés de plumas y de airones, y anda
Loca buscando en la lisonja el premio
De su indiscreto afan. ¡Ay triste! Guarte,
Guarte, que está cercano el precipicio.
El astuto amador ya· en acechanza
Te atisba y sigue con lascivos ojos.
La adulacion y la caricia el lazo
Te van á armar do caerás incauta,
En él tu oprobio y perdicion hallando.
¡Ay cuánto, cuánto de amargura y lloro
Te costarán tus galas! ¡Cuán ·tardío
Será y estéril tu arrepentimiento!
Ya ni el rico Brasil, ni las cavernas
Del nunca exhausto Potosí nos bastan
A saciar el hidrópico deseo,
La ansiosa sed de vanidad y pompa.
Todo lo agotan: cuesta un sombrerillo
Lo que antes un estado, y se consume
En un festin la dote de una infanta.
Todo lo tragan: la riqueza unida
Va á la indigencia. Pide y pordiosea
El noble, engaña, empeña, malbarata,
Quiebra y perece; y el logrero goza
Los pingües matrimonios, premio un dia
Del generoso afan de altos abuelos.
¡Oh ultraje! ¡oh mengua! Todo se trafica:
Parentesco, amistad, favor, influjo
Y hasta el honor, depósito sagrado,
O se vende, ó se compra; y tú, belleza,
Don el mas grato que dió al hombre el cielo,
No eres ya premio del valor, ni paga
Del peregrino ingenio. La florida
Juventud, la ternura, el redimiento
Del constante amador ya no te alcanzan.
Ya ni te das al corazon, ni sabes
Dél recibir adoracion y ofrendas.
Ríndeste al oro: la vejez hedionda,
La sucia palidez, la faz adusta,
Fiera y terrible, con igual derecho
Vienen sin susto á negociar contigo.

Daste al barato, y tu rosada frente,
Tus suaves besos y tus dulces brazos,
Corona un tiempo del amor mas puro,
Son ya una vil y torpe mercancía.

GASPAR MELCHOR DE JOVELLANOS.

EL MELANCÓLICO.

SÁTIRA.

¿Sabes quien es loco de remate?
Pacheco el traductor. Volcólo el seso
Aquel fecundo autor de arlequinadas,
El cantor de los Mártires, que en prosa
Sesquipedalia, altisonante, hueca,
Ora á Fernando pone á par de Tito,
Ora al feroce regicida ensalza.
Volvamos á Pacheco. Vile anoche
Pálido, desgreñado, macilento,
Megilla hundida, escuálidos los ojos,
En muelle canapé medio sumido,
Y en los profundos piélagos absorto
De la meditacion. Al verme, lanza
Dos torrentes de lágrimas. "Los cielos
A mi socorro, dice, te enviaron.
Murió mi can. Murió Melampo: el hijo
De la fidelidad ... Murió ... ¡infelice!
¿Sabes lo que es un can? Es blando amigo
Que natura nos da. No como el hombre
Cruel, ingrato, pérfido, egoista:
¡Oh los hombres! ... los hombres! ... el cuitado
Murió el domingo, y desde entonces peno
Petrificado, mísero. Teñida
De amarillentos y verdosos visos,
Melancolía en mis megillas labra
Su pardo nido, cual reptil oculto
Del pimpollo en las hojas virginales.
Immóvil paso las fugaces horas,
Cual la paciencia en albo monumento
Sonriendo al dolor." — "No á tanta pena,
Díjele compasivo, te abandones.
Placeres hallarás que el llanto enjuguen.

Tú que sabes amar ...” — “¿Que has dicho? esclama,
Las manos apretándome de pronto,
Como férrea tenaza; ¡amar dijiste!
No es mas funesto al navegante el torvo
Rugiente seno de la mar undosa,
Cuando las olas gigantescas alza,
Muertes, y espumas, y furor vertiendo,
Que á mi pecho es amor. Cimodocea,
La sobrina del sabio respetable,
Que de campestres yerbas y de flores
Forma composicion farmacéutica
Que la dolencia física aletarga ...”
— “¡Rita la boticaria!” — “No denuestes
Con vulgar locucion la flor del valle;
La matinal sonrisa; albo reflejo
Del firmamente azul. Rita es el nombre
Que el genitor le impuso. Yo le he dado
Otro mas digno de sus altas prendas.
Cimodocea y yo ... ¿Vistes acaso
La flexible liana, que del Ohio
La herbosa márgen, undulante cubre,
De lazos mil y mil ceñir la frente
De agreste pino, y en sus giganteas
Ramas brotar espléndidos corimbos?
¿Viste el torrente del desierto, rota
De asperoso peñasco la barrera,
Lanzarse á la llanura? ¿Viste al soplo
De huracan tremebundo disiparse
Caliginosa niebla, allá en las rocas
Do el alma de Osian muge, cual suele
Bituminoso cráter que á Trinacria
Vomita destruccion?” — “No vé tal cosa,”
Dijele entonces harto de locuras,
Y tomando el sombrero, en linea recta
Fuéme al hospicio á disponerle jaula.

JOSÉ JOAQUIN DE MORA.

SÁTIRA

CONTRA LA MANIA CONTAGIOSA DE ESCRIBIR PARA EL PÚBLICO.

> ¡Qué! ¿No hay mas sino meterse á escribir á salga lo
> que salga, y ya soy autor?   MORATIN.

¡Oh qué sabio es Madrid! ¡Oh cual rechina
Aqui y allá la trabajada imprenta!
¡Oh cuan en posta el pueblo se ilumina!
　　¡Oh cuan rápida crece vuestra renta,
Fabricantes de Alcoy! ¡Oh qué de pliegos
El ansia de escribir consume hambrienta!
　　¿Y donde, donde estan los hombres legos
Si hasta los nécios son hijos de Apolo?
Si todo es luces hoy, ¿do estan los ciegos?
　　Cada rio en España es un Pactolo;
Cada coplero un Píndaro y un Dante
Que al mundo ha de asombrar de polo á polo.
　　¿Cuando una prensa ya será vacante?
¿Cuando veré una esquina sin carteles?
¿Donde iré sin topar con un pedante?
　　¿En qué archivo cabrán tantos papeles
Que embadurnan sin Dios y sin conciencia
Escritores adultos y noveles?
　　Ese pio lector, cuya paciencia
Ya excede á la de Job, ¿en donde vive?
¿Quien me dará razon de su existencia?
　　Mi anheloso mirar no lo percibe.
¿Que mucho? ¿A quien se guarda la lectura,
Si todo el mundo sin cesar escribe?
　　Tanto cundes, feliz literatura,
Que no en estrazo, sino en prosa y verso
Se envuelve por acá la confitura.
　　Y cuanto á tanto cálamo perverso
De escribir acomete la manía,
¿Privas del tuyo, oh Fabio, al universo?
　　Tú, iniciado en la dulce poesía,
Tú, que haces redondillas de repente,
¿Por que no escribes, Fabio, noche y dia?
　　No tu suma ignorancia te amedrente.
Menos sabe Don Próspero, y gallea
Porque no hay un *Boileau* que le escarmiente.
　　De cierto literato fué albacea:
Con esto y un destierro, y un diploma,
Cátale ya escritor de alta ralea.

Por ahí dicen las gentes, será broma,
Que de tanto francés como ha aprendido
Ya no sabe escribir en nuestro idioma.

¿Y que importa? Su nombre mete ruido
Como el de tanto cuervo literario,
Que osada presuncion sacó del nido.

Solo algun nuevo Zóilo temerário
Pudiera condenarle porque agrega
Cien voces cada dia al diccionario.

¿Y el crítico furor á tanto llega?
No es moda ya que la española pluma
De castiza blasone y solariega.

Loco será quien destruir presuma
La gálica irrupcion. Andes podria
Al piélago quitar la blanca espuma.

Escribe, escribe, Fabio, que á fé mia,
Si observas mi leccion imperturbable,
El vulgo aplaudirá tu algarabía.

¿Qué es vivir de una renta miserable,
De un honrado taller, ó de un empleo,
A no ser de Castilla condestable?

Petulante, embrollon, mordaz te creo;
Hablas á chorros y el francés traduces ...
Serás hombre de pró. Ya lo preveo.

Tú coplea, y verás como te luces;
Que entre cisnes tambien hasta el Parnaso
Trepan desde Madrid los avestruces.

Vate conozco yo que del Pegaso
Ni un relincho merece, y es leído
Mas que Rioja y el tierno Garcilaso.

No me seas modesto y comedido,
Que irás al hospital. Dice un adagio
Que ayuda la fortuna al atrevido.

Si no hay própio caudal, acude al plagio.
¿Uno lo atrapa? Bien. Lo ignoran ciento,
Y de los cientos ganas el sufragio.

Sobre todo, tu pluma siga el viento
De la fortuna, en su favor ó saña
Ya apacible, ya raudo y turbulento.

¿Cambió la suerte? Válgate la maña:
Adula al poderoso, intriga, sopla,
Y tendrás, Fabio mio, una cucaña.

Ayer hubiera honrado la manopla
Al descarado Anton, que hoy paga coche.
¿Y como lo adquirió? Con una copla.

Deja que otro pacato dia y noche
Torne al yunque y retorne sus escritos.
Tú escribe á norte y sur, á troche y moche.

Los fátuos en Madrid son infinitos:
De autor entre ellos cobrarás la fama,
Y en vano gruñirán los eruditos.

Tal vez sobre los sábios encarama
La ignora plebe al fantasmon pedante
Que merecia estar paciendo grama.

Otro los hechos de Gonzalo cante;
Otro al buen Cid en numerosa rima:
Tú no emprendas locura semejante.

Ni esperes que del hambre se redima,
Bien que le paguen con aplauso vano,
Quien buenos versos en España imprima.

¿No es mejor en lenguaje chabacano
Del francés traducir un melodrama,
Y venderlo despues por castellano?

Muda el nombre al Gracioso y á la Dama;
Nuevo titulo inventa, y juro á cribas
Que el público por nuevo se lo mama.

No créas que á la tumba sobrevivas;
Y pues solo el dinero aqui se aprecia,
Nunca leas á Horacio cuando escribas.

Ciertas voces oriundas de la Grecia
Basta que aprendas, Fabio, de memoria:
Como *apitasis, ritmo, peripecia* ...

Y aunque mover debieras una noria,
Lléveme Sátanas si el populacho
No te cubre de aplausos y de gloria.

Ni hablar sin propiedad te cause empacho;
Que *sintáxis, prosodia, analogia* ...,
Son frívolos estudios de muchacho.

Ni el carecer de libros, que en el dia
Basta con un *Rengifo* y el *Taboada*
Para escribir en prosa y poesia.

Te dirán que es forzoso ¡que bobada!
Escribiendo crear. Fileno crea;
¿Y qué gana con eso? Poco ó nada.

Se afana el infeliz; suda; patea;
Mil desaires le cuestan sus porfías
Primero que la luz su obrilla vea:

Y despues de tan fieras agonias
¿En limpio que le dan? Quince doblones,
¡Y agotan la edicion en ocho dias!

De estos genios, honor de las naciones,
No envidies el infausto privilegio,
Y vive de morralla y traducciones.

Allá en el Sena de laurel egrégio
Se ciñen y riquezas acumulan:
Aqui van á la sopa de un colegio;

Si nos es que á hinchados próceres adulan,
O engañando á inocentes suscritores
Con falaces prospectos especulan.

¡Y el teatro!... ¡Gran Dios! Tus borradores,
Si no son de algun lírico programa,
Te valdrán menos plata que sudores.

Necio el que gracias y moral derrama,
O Talia, en tus aras, do Celenio
De los Terencios eclipsó la fama.

¿Qué vale ya el saber? ¿Que vale el genio?
A la solfa consagre sus tareas
Quien pretenda brillar en el proscenio.

El fuerte Aquiles, el prudente Eneas
Si codician aplausos y dinero,
Acudan al *mi do* y á las *corcheas*.

En otro tiempo al ínclito guerrero
El varonil talante distinguía
Y aterraba en sus manos el acero.

Hoy al compás de blanda sinfonía
Virtuosa le esgrime ultramontana
Que solo el triunfo á su garganta fia.

Ya no se estila en rima castellana
Escuchar los furores de un Atreo,
Ni á Pelayo afrentado por su hermana.

¿No es mejor en henchido coliseo
De contralto admirar las pantorrillas
Que en Paris le vendió marchante hebreo?

Mas, oh Pindo español, en vano chillas;
Que sin dolerse de tu amarga pena
De Orfeo triunfarán las maravillas.

Ni porque á tantas almas enagena
El encanto de muelle cavatina
Desierta vemos la española escena;

Que, si bien se consigue sin propina
El mugriento carton, ve todo el mundo
A *Cabeza de Buey* y á *Juan de Espina*.

Y el mismo elegantuelo nauseabundo
Que á Moratín y á Calderon desdeña,
Aplaude un melodrama furibundo.

Lo repito: es muy necio, quien enseña
Verdad, buen gusto, y de la insana plebe
En derrocar los ídolos se empeña.

Traducir es mas fácil y mas breve;
Y quizás el librero mas te pague
Cuanto sea tu escrito mas aleve.

En tanto, si pretendes que te halague
El aura popular, dí que has estado
En Paris, en Antuerpia, en Copenhague.

¡Cuanto vale en Madrid quien ha viajado;
Y si sabe mentir con cierta gracia,
Cuál se ve de los bobos celebrado!

Con tono magistral, con suma audacia
Donde quiera que estés habla de todo:
De historia, de blason, de diplomacia ...

Mucho rebuznarás. — No me incomodo;
Ni aunque digas que al centro de la Iberia
Vino desde el Japon el visogodo.

Sin gran lujo no salgas á la feria;
Que hoy se juzga á los sábios por la ropa.
¡Guárdate, Fabio, de ostentar miseria!

Si en lugar de batista ruda estopa
Cubre tus carnes, se acabó el prestigio:
Ni en San Francisco te darán la sopa.

Mas de tu fama crecerá el prodigio
Si el mercader, el sastre y la patrona
De litigio te llevan en litigio.

¡Ea! Papel sin término emborrona,
Aunque sea con fárrago y basura,
Que el pueblo es un bendito, y Dios perdona.

Aunque es tu frente como el hierro dura,
No temas carecer de materiales;
Que quien sabe copiar jamas se apura.

Establece en Paris corresponsales.
¡Se escribe tanto allí! ... Por el correo
Cien rasgos te vendrán originales.

Si copiar te parece pobre empleo,
Agregando algun frio comentario
Reimprime á los difuntos; y *laus Deo*.

O échate á criticou atrabiliario,
Aunque te expongas á cruel mordaza
Y te llamen procaz y temerario.

Si de otro mas dichoso te amostaza
El reiterado lauro, en él te ceba.
Su opinion y sus obras despedaza.

Crimen reputa que á agradar se atreva
Tal escritor al público sencillo.
Dí que es digno de cárcel y de leva.

No gemirá por eso en un castillo;
Que el gobierno solícito bien sabe
Quien es hombre de honor, y quien es pillo.

Mas el pobre escritor acaso agrave
Su imaginario mal, y acobardado,
De componer y de brillar acabe.

Si natura el talento no te ha dado,
Que el bachiller Juan Perez de Munguia
Y su pincel maestro te ha negado;

No como él con donaire y valentía
A escarnecer abusos te limites
Que jamas ley humana extirparia.

Mejor es que á gritar te desgañites
Contra todo mortal que te haga frente,
Y el pan si puedes y el honor le quites.

Ni en todos claves el dañino diente.
El opúsculo ensalza de Fabricio,
Aunque á las Musas tu descaro afrente.

Hoy está en candelero, y tu servicio
Puede galardonar. Adula y muerde;
Que es socorrido y cómodo el oficio.

Jamás tu pluma de seguir se acuerde
De un veraz escritor el árdua senda
Donde se atolla el mísero y se pierde.

Si alguno hubiere que impugnar pretenda
Tu sátira cruel, de nuevo ripio
Te servirá la crítica contienda.

¡Y no hay que desmayar! Desde el principio
Échala de doctor, por mas que ignoras
Lo que es interjeccion y participio;

Que á fuerza de sofismas y de errores
Fatigar lograrás á tu enemigo,
Y de paso á los cándidos lectores.

O te haces redactor ... ¿Pero qué digo?
¿Á qué por dar á luz un pedantuelo,
Donde tantos pululan, me fatigo?

¿Quien enseñó á escribir á Don Marcelo
Que hace para balagar á un cortesano
En vez de un panegirico un libelo?

¿No echó á volar sin guia don Ulpiano
Su enfático poema, que aun de balde
No lo quiere leer ningun cristiano?

¿No escribe con permiso del alcalde
Tratados de farmacia don Benito,
Sin conocer siquiera el albayalde?

¿No imprime como propio el manuscrito
Que al prójimo robó don Celedonio,
Y le llaman los gentes erudito?

¿Donde estudió don Blas el muy bolonio,
Autor de esa novela fementida
Que apesta á mundo, á carne y á demónio?

¿Ha pisado una cátedra en su vida
Don Cosme, que en su plan estrafalario
Con el oro y el moro al rey convida?

¿Supo lo que escribía don Macario
Que aunque dijo á Madrid: "Yo lo he compuesto,"
Encuadernó, y no mas, un diccionario?

¿Que ciencia ha requerido ese indigesto
Almacen de inexactas colecciones
En letra infame y en papel funesto?

Tantas y tan inicuas traducciones
Que no se entienden ya ni aquí ni en Francia;
Tantos dramas exóticos, ramplones;

Tanto epítome ruin para la infancia;
Tanta refundicion bárbara, impía;
Tantas y tantas coplas sin sustancia;

¿Son partos del talento? No, á fé mia:
Abortos son del rudo pedantismo
Que al extremo llevó su tiranía.

Hay hombres cuyo ciego fanatismo
Por ver su nombre impreso, á tanto llega
Que imprimieran la fé de su bautismo.

Hay necio que á Maron llama colega,
Si publicar consigue una charada
En versos crudos de gaita gallega.

Hay quien desea que á la tumba helada,
Por imprimir la esquela de su entierro,
Súbito baje su consorte amada.

Y hay quien se juzga autor siendo un becerro,
Porque en letras de molde el buen diario
La filiacion estampa de su perro. —

¡Qué! ¿Solo puebla el mundo literario
Esa plaga de autores ignorantes
Que denuncia tu cáustico inventario?

¿Todos somos plagiarios y pedantes?
¿No hay ya quien libros de honra y de provecho
En el idioma escriba de Cervantes?

¿No hay sabios en historia, y en derecho,
Y en lenguas, y ...? Sí tal. Hay grandes hombres:
Lo sé de unos, y de otros ... lo sospecho. —
   Bien pudieras citar algunos nombres ...
¿Escribo acaso yo contra los sabios? —
No. — Pues si no los cito, no te asombres.
   Y algunos tomarían por agravios
Mis elógios tal vez. Sí; su modestia ...
¡Hay tanta en sus escritos y en sus labios! ...
   Pero aunque sé que es vana mi molestia,
Pues yo no he de quitarles su talento,
Ni está en mi mano el dárselo á una bestia:
   Quiero decirlo; que si no, reviento:
Muchos se llaman doctos en el dia
Porque atestan de libros su aposento.
   Y si culpo y maldigo la osadía
Del que escribe en materias que no entiende,
Y á diestro y á siniestro desvaria;
   El huraño doctor tambien me ofende
Que, mirando de lejos la batalla,
O sabe mucho, y todo se lo calla,
O nada sabe, y todo lo reprende.

MANUEL BRETON DE LOS HERREROS.

EL POBRE DIABLO.

SÁTIRA AGRI-DULCE Á FLORA.

   Si fuera mio, como fué á Fidias,
Manejar el cincel maestramente,
Dejara memorables tus perfidias,
Ingrata Flora, á la futura gente.
No pienses amoldara á tu figura
Bronce ó mármol tenaz; tal es mi estrella,
Que aunque la viera ser de piedra dura,
Era capaz de enamorarme de ella.
Antes, ingrata. bella,
(No te puedo nombrar sin requebrarte)
Los esfuerzos del arte
Agotara mi ingenio;
Para hallar copia á tu voluble genio,

Buscando entre sirenas ó crueles
Esfinges, de que hacer simbolos fieles
De tus interminables variedades,
Y tus innumerables crueldades:
Mas ¡qué sé yo si te amo todavia!
No puedo hacerte mal, y te lo haria
Si quisiera verter por esta pluma
La hiel que has derramado en mi alegria.
Si de tu vanidad la blanca espuma,
Si de tu ingratitud la negra tinta,
Y tu encarnada liviandad te pinta,
Quedará un tricolor en el traslado,
Que el diablo se dará por retratado.
Pero son unas armas tus defectos,
Que aunque para vengarme las aplique,
No las sé yo tomar sin que me pique.
No faltarán modelos muy selectos
De que sacar los gracias, los encantos,
Y hacer un figurin muy de tu gusto,
Pero que pueda dar al miedo un susto.
Estos originales
¿Sabes, Flora, quién son? son mis rivales.
¡Cómo! ¿Te enojas ya? ¿me haces espantos?
¿Qué culpa tengo yo de tus caprichos?
¿Porqué has amado tan extraños bichos?
   Figúrate, Florita, por un rato
Que yo soy tu escultor, y que en resúmen
Tomo un rasgo de cada mentecato
De cuantos ser tus ídolos presumen:
Bien ves, que en el retrato
Aunque yo de mi ciencia echase el resto,
Saldría un pobre diablo, por supuesto
Como ya es este el último regalo,
No te lo haré de piedra ni de palo,
Sino de la materia mas preciosa,
Cual conviene á una dama melindrosa,
Que subdivide un dulce haciendo muecas
Entre docena y media de babiecas.
De marfil, de azabache y de granate
Será. Prevenle un buen escaparate.
   ¡Hermoso atar de diablo! Por la cola
Determino empezar, parte integrante
De un diablo, y que se pega en el instante
Al simplon á quien haces la mamola.
Todos eran colíferos tus muebles;
Pero la que yo al mio le dispongo
Será la de aquel fátuo monicongo

De las patas endebles:
Quien por tomarte palco y carruage
Se alzó con tu cariño y mis desfalcos;
Y era muy propio de él, que en su pelage
Se me antojaba un cobrador de palcos:
Ente sin gracia, ni virtud, ni vicio,
De cuyo cuerpo y alma el ejercicio
Es dar los buenos dias, romper coches,
Comer, fumar y dar las buenas noches.
Pues mi diablo irá alegre con su cola
Como si le colgáran una estola.
   Ahora bien, no ha de ser el diablo cojo;
Piernas ha de tener, pues las escojo
En aquellas tan débiles y curvas
Del bobo ... Peró, Flora, ¿tu te turbas?
¡Ola! ¿conoces habla del muchacho,
Seis dias tu cortejo,
Abate marimacho,
Mitad muger y otra mitad cangrejo,
De quien hizo pintura bien profética
Horacio al principiar su Arte poética?
¿No hablaré yo del fátuo indefinible,
A la par insensato é insensible,
Que posee tres lenguas las mas bellas,
Y nunca sabe qué decir en ellas?
¿No quieres hable de él? Pues ya no hablo ·
Pero sus piernas vayan á mi diablo.
   Ya necesita un cuerpo mi modelo;
Coqueta mia, á tu inconstancia apelo:
Ella me hace acordar de aquel enorme
Barrigon montaraz con uniforme,
Por quien se dijo al veros mano á mano:
"¿Esa muchacha va á escoger amantes
Al gabinete, sala de elefantes?"
Bien acredita, Flora, aquel indiano
Que no siempre te pagas de hermosura,
Pues con un as de oros en la mano
No le fallas á nadie la figura.
¡Oh qué escena tan rara en aquel dia
Presentaba á los ojos tu belleza,
Su fealdad, y mi mortal tristeza!
El Amor nos miraba, y se reía.
   ¿Cabeza? lleve el diablo la del lindo
Héroe de tu pasion la mas sublime,
Que aunque ella no contenga, si se exprime,
Mas sesos que una pera de Longuindo,
Es, por lo tanto, tierna, almibarada,

Tan débil, que perdiera la chabeta
Si se viera obligada
A aprender ni aun dos líneas de gaceta;
Y formas triunfen, que el talento es grilla,
Mas no lo tengas, Flora, á maravilla,
Que cuando se vió Jove sin un cuarto,
Porque con Dánae se gastó un tesoro,
No cuenta Ovidio que se fué á su cuarto
A morderse las uñas, ni hacer versos
Largos, pesados, cual los hace Floro,
Que si se le hinchan del testuz las fibras
Los pare á libros y los vende á libras;
Sino que mas tunante
(¡Oh maldito retruécano!) el Tonante
Se convirtió en gentil lúbrico toro,
O en cisne candidísimo y canoro,
En cuyo fuego ardieron como estopa
El corazon de Leda y de Europa.
La moral es de bulto, ella nos clama:
"Dejad de los estudios la molestia:
Para obligar á una bonita dama
Basta con ser una bonita bestia."
¡Dura sentencia! de que yo me alejo,
Pese al viejo rector de las estrellas,
Que el sexo abunda de excepciones bellas
·A cada instante desmintiendo al viejo:
¡Ojalá, oh Flora, fueras tú una de ellas!
A tal cabeza es fuerza corresponda
La oreja del Esopo atrabiliario,
Que cuando te metiste á sabijonda
Tomaste por cortejo literario:
Quien de un tordo ó de un ganso en compañía,
No sé si por instinto ó por capricho
De abonar el refran de *Dios los cria*,
Glorioso se despierta cada dia
A decir mal lo que otros bien han dicho:
Que criado entre libros, embutido
En libros, y de libros mantenido,
Se tiene por un crítico severo,
Como lo es cualquier mozo de librero.
A sus fábulas llama originales:
Bien hecho; que sino dirán los bobos
Que le ha robado á La-Fonten las sales,
A Fedro las raposas y los lobos,
Y al fabulista griego las morales.
Pero eso ya es hacer juicios perversos:
Dile, Flora,· que en ello no se meta,

Pues todo el mundo dice, al ver sus versos,
Esto no es cosa de ningun poeta.
¿Pero como sin cuernos la cabeza
De un diablo? quejaránse los pintores.
No lo permitas, niña, que á las flores
En tu inconstante seno producidas,
Regadas con tus lágrimas fingidas,
Y ventilados por tus ayes tiernos,
El fruto luego ¡cáspita! son cuernos.
Prosigo mi labor ... ¿peró qué digo?
¡Fatal mujer! ¿siempre ha de ser mi suerte
Perder el seso y delirar contigo?
Trabajar sin materia es cosa fuerte;
Pues aunque mas me presten tus amantes
Mamarrachos bastantes
Para treinta retablos,
Y colocar una legion de diablos,
Si este pequeño, que á tus piés dedico,
Ha de ser tricolor, gracioso y rico,
¿Dónde hallaré materia para ello?
¿Adónde el azabache oscuro y bello,
El marfil blanco y los granates rojos? ...
En tí, Florita, en esos negros ojos,
Purpúrea boca, alabastrino cuello,
Mas ¡ay! que si le doy en abundancia
Las prendas que en tí lucen, mientras hablo,
Le pegará las alas tu inconstancia,
Y se me escapará mi Pobre-diablo.

JUAN BAUTISTA ARRIAZA.

ADMONICION Á UN POETA NOVEL CONTRA LA TENTACION DE ESCRIBIR SÁTIRAS.

Sé dócil, Fabio, atiende á mis razones,
Y no corras derecho al precipicio,
Sin ver el grave riesgo á que te expones.
Eres mozo y honrado; ves al vicio
Alzar impune la soberbia frente,
Y á su aspecto no mas, sales de quicio;
Sin reparar, oh jóven inocente,
Que con vano sermon nada se alcanza,
Si se va contra el viento y la corriente.

¿No es mejor que á la insípida alabanza
Consagres tus vigilias y sudores,
Ganando para tí lucro y holganza?

Celebra á los magnates y señores;
Por Mecenas elige al mas menguado,
Y derrama á dos manos tus loores;

Que aunque en lugar de incienso regalado
Mezcles inmunda pez, resina y brea,
Y al idolo en su altar dejes ahumado,

Verás cual se entumece y pavonea
Con el tributo vil, y paga ufano
Cuanto su necio orgullo lisonjea.

Si es de mal corazon, llámale humano;
Si pródigo, galan y generoso;
Sabio y modesto, si ignorante y vano:

Miente y adula á roso y á velloso,
Seguro que ninguno te desmienta,
Cierto de hallar aplauso numeroso:

Y en un año, en un mes, por mí la cuenta
Si has menester Apolo ni Pegaso
Para lograr honores, fama y renta.

No traigo á la memoria un solo caso
En que el decir verdad premio consiga;
Y antes por ello ví mas de un fracaso:

Así, no es de extrañar que el tropel siga
La senda mas trillada y espaciosa,
Que al término conduce sin fatiga;

En tanto que apocada y temerosa
Se esconde la virtud bajo la tierra,
Y aun alli el vicio con furor la acosa.

Mas si vivir no quieres siempre en guerra,
A sombra de desvan, pobre y desnudo,
A Persio y Juvenal con llave encierra;

Deja el veraz estilo, áspero y rudo,
Y alambica un elogio almibarado
Que cuele blandamente sin embudo.

Yo no he visto en mi vida potentado
Que un Licurgo no fuese en su alto asiento
Y de todas virtudes fiel dechado;

Ni uno tampoco he visto que, al momento
Que por tierra cayó, no mereciera
Servir, cual otro Luna, de escarmiento.

No he visto un general que no pudiera
Á Cesar y á Pompeyo dar lecciones,
Y que no esté atrasado en su carrera;

Ni un asentista, henchido de doblones,
Que no fuese columna del estado,
Del pueblo entre las crudas maldiciones.

¿Quien halló un juez venal en alto estrado?
¿Quien no encontró talento á un palaciego?
¿Quien conoce un bribon condecorado? ...

Pues en la córte estás y no eres ciego,
Dime si aunque demonio te volvieras,
Hallarás leña en qué cebar tu fuego.

Juro y rejuro, hablándote de veras,
Que falta material á la censura,
Como mentir y calumniar no quieras:

Y si debiste al cielo por ventura
Musa festiva, alegre y burladora,
La diestra armada de manopla dura,

Hazle amansar su furia azotadora,
O procura que pague el escudero
El encanto fatal de su señora.

Este es el medio, Fabio, que prefiero;
Que no es nuevo pagar el inocente,
Y ostentarse el culpable erguido y fiero:

Y si lanzar no puedes de la mente
La viva comezon de incuba Musa,
Que ni paz ni reposo te consiente,

De aquel feliz arbitrio al menos usa,
Y en posadero ruin descarga recio,
Sin tener que pedir perdon ni escusa.

A un alcalde pedáneo llama necio;
Dí que roba á man-salva un boticario;
Trata á un pobre cornudo con desprecio;

Saca á plaza un poeta perdulario;
Empluma alguna vieja Celestina,
O acusa á un fiel de fechos de falsario ...

Mas cuenta que la misma ventolina
No te engolfe despues en mar bravia,
Do el piloto mas diestro halla su ruina;

Regla sin excepcion: en viendo *usía*,
Hermanadas están virtud y ciencia,
Y las debes tratar con cortesia;

Y si asomas vislumbres de *excelencia*,
O de una placa atisbas los reflejos,
Ya les puedes hacer la reverencia.

Mas si infundados juzgas mis consejos,
Por norma elige al cazador prudente,
Que audaz persigue á liebres y conejos;

Y cura bien no echarla de valiente
Con los soberbios tigres y leones,
De corva garra y de aguzado diente.
  Del mar en las undívagas regiones
El pez mayor embiste al pequeñuelo,
Y huye de los hambrientos tiburones;
  Y en las aves aligeras del cielo .
Tras la paloma arrójase milano,
Y del buitre rapaz no turba el vuelo.
  Tan natural y propio al sér humano
Es perseguir al débil y abatido,
Y evitar aun el riesgo mas lejano,
  Que no verás rapaz recien nacido
Que al flaco gosquecillo no atormente,
Y de robusto can no huya al ladrido.
  Lo mismo debe hacer hombre prudente;
Que lo demás son pláticas de antaño,
De qué se burla ya la culta gente.
  Y si tal vez creyeres que te engaño,
A salvo pongo el ánima y conciencia
Con prevenirte á tiempo de tu daño:
  Haz por juego siquiera la experiencia;
Mas no te quejes del rigor del hado,
Cuando sufras la dura penitencia.
  Yo por mi parte huiré de tal pecado,
Aunque Apolo me ofrezca su corona:
Que es lícito en el mundo ser malvado;
Mas decir la verdad no se perdona.

FRANCISCO MARTINEZ DE LA ROSA.

POESIAS JOCOSAS.

1. LETRILLAS, SONETOS FESTIVOS, DISPARATES, DÉCIMAS, GLOSAS, ROMANCES, VILLANESCAS Y VERSOS ESDRÚJULOS.

LETRILLAS

DE BALTASAR DEL ALCÁZAR.

I.

Tres cosas me tienen preso
De amores el corazon,
La dulce Inés, el jamon,
Y berengenas con queso.

Una Inés amante es
Quien tuvo en mí tal poder,
Que me hizo aborrecer
Todo lo que no era Inés.

Trájome un año sin seso,
Hasta que en una ocasion
Me dió á merendar jamon
Y berengenas con queso.

Fué de Inés la primer palma;
Pero ya júzganse á mal
Entre todos ellos, cual
Tiene mas parte en mi alma.

En gusto, medida y peso
No les hallo distincion,
Ya quiero Ines, ya jamon,
Ya berengenas con queso.

Alega Inés su beldad,
  El jamon que es de Aracena,
  El queso y la berengena
Su andaluza antigüedad.

Ya está tan en fil el peso,
  Que juzgado sin pasion
  Todo es uno Inés, jamon,
Y berengenas con queso.

Servirá este nuevo trato
  De estos mis nuevos amores,
  Para que Inés sus favores
Nos los venda mas baratos:

Pues tendrá por contrapeso,
  Sino hiciere razon,
  Una lonja de jamon,
Y berengenas con queso.

———

II.

Si te casas con Juan Perez,
  ¿Qué mas quieres?
Si te trae del mercadillo
  Saya y manto de soplillo,
  Y un don para el colodrillo
  Prendido con alfileres,
  ¿Qué mas quieres?
Si es de tan buena conciencia
  Que llevará con paciencia,
  Sobre cuernos penitencia
  La vez que se los pusieres,
  ¿Qué mas quieres?
Si te permite que veas
  Y goces lo que deseas,
  Y al fin pasa porque seas
  La peor de las mugeres,
  ¿Qué mas quieres?
Si para tu condicion
  Le deseas dormilon,
  Y él duerme mas que un liron
  Cuando menester lo hubieres,
  ¿Qué mas quieres?

Si el Juan Perez es de hechura
Que todo año procura,
Que todos por tu figura
Te hagan dos mil placeres,
¿Qué mas quieres?

III.

Si enviudar vos conviene,
Compadre, no es tan barato,
Como pensais, este trato,
Porque la rapaza tiene
Mas alma que tiene un gato:
Pero dejadla vivir
Á sus anchas, y no dudo
Que presto os veréis cornudo:
¡Ay Jesús! — quise decir
Que os veréis presto viudo.

BODA DE PORDIOSEROS.

Letrilla.

A las bodas de Merlo,
El de la pierna gorda,
Con la hija del ciego,
Marica la Pindonga.
En Madrid se juntaron
Cuantos pobres y pobras
Á la fuente del Piojo
En tus zahurdas moran.
Tendedores de rasa,
Bribones de la sopa,
Claministas de siesta,
Y mil zampa limosnas.
Vino el esposo guero,
Muy marido de cholla,
Muy sombrero á la fiesta,
Y el banquete muy gorra.

El dote de palabra,
Y las calzas de obra,
De contado la suegra,
Y en relacion las joyas.

La Novia vino ráncia
Muy nécia y poco moza,
Y sobre su palabra
Doncella como todas.

Llevaba almidonada
La cara y no la toca,
Gesto como quien prueba
Marido por arrobas.

Sentáronse en un banco,
Cual si fuera de popa,
Que el matrimonio en pobres
Es remo con que bogan.

Cuando por una valle
El *Manquillo* de Ronda
Entró dando chillidos,
Recogiendo la mosca.

Denme, nobles Cristianos,
Por tan alta Señora,
Ansi nunca se vean,
Su bendita limosna.

Columpiado en muletas,
Y devanudo en sogas,
Juanazo se venia
Profesando de horca.

En un carretoncillo,
Y al cuello unas alforjas,
Pallares con casquete,
Y torcida la boca;

Y el *Ronquillo* á su lado,
Fingiendo la temblona,
Cada cual por su acera
Desataron la prosa.

Y levantando el grito,
Dijeron con voz osca
Lo *del ayre corruto*,
Y aquello de la *hora*.

Con sus llagas postizas,
Arenas el de Soria,
Pide para una Bula,
Que eternamente compra.

Romero el estudiante
Con sotanilla corta

Y con el *quidam pauper*
Los bodegones ronda,
  Con niños alquilados,
Que de contino lloran,
A poder de pellizcos,
Por lastimar las bolsas,
  La táymada *Gallega*,
Mas bellaca que tonta,
Entró de casa en casa,
Bribando la gallofa.
  Devanada en la manta
La Irlandesa *Polonia*,
Con pasos tartamudos,
Y con la lengua coja,
  Resollando mosquitos,
Y chorreando monas,
Hablaba de lo' caro,
Con acentos de coca.
  . Tapada de medio ojo
En forma de acechona,
Con el: *Eh*, *Caballero*,
Y un poco la voz honda,
  Pide una vergozante
Con una estafa sorda,
Para un marido preso
Con parte que perdona.
  En figura de ciega,
Angela la Pilonga,
Tentando como diablo,
Con un bordon asoma.
  Manden rezar, señores,
De la Virgen de Atocha,
Del Angel de la Guarda,
La plegaria sea sorda.
  Luego puestos en rueda
Llegan todos y todas,
A dar las norabuenas
Que malas se les tornan.

FRANCISCO DE QUEVEDO.

SONETO.

EL NO SÉ QUÉ.

Quotiescunque mi cara Galatea
Con blanda risa y con amor me mira,
De sus ojos parece que respira
Un *nescio quid* que todo me recrea.

Mas luego que de mi (ya desden sea,
Ya descuido) su vista se retira,
¡*Heu*! otro *nescio quid*, sin ser mentira,
Sienten con triste afan *praecordia mea*.

¿*Unde nam* provendrá tan raro é incierto
Efecto de su amor, de sus enojos?
¿Tanto puede un favor y una aspereza?

¡Ay de mí! que no tengo *pro comperto*
Que el *nescio quid* no viene de sus ojos,
Y que el mal está todo en mi cabeza.

IGNACIO DE LUZÁN.

LETRILLAS DE GÓNGORA.

I.

Cada uno estornuda
Como Dios le ayuda.
Sentencia es de bachilleres
Despues que se han hecho piezas,
Que cuantos son las cabezas
Tantos son los pareceres.
En materia de mugeres
Se revoca esta sentencia
Que hay espuelas de licencia
Sin haber freno de duda:
Cada uno estornuda
Como Dios le ayuda.

Cánsase cierto doncel
De querer cierta doncella
Que es bella, y deja de vella
Por una madre cruel,
Cuando sobra quien le cuadre,
Porque para un mal de madre
Cien escudos son la ruda:
Cada uno estornuda
Coma Dios le ayuda.

Este no tiene por buena
El amor de la casada,
Porque es dormir con la espada
Y la víbora en el seno:
Aquel del cercado ageno
Le es la fruta mas sabrosa:
Cual coge mejor la rosa
De la espina mas aguda:
Cada uno estornuda
Como Dios le ayuda.

Muchos hay que dan su vida
Por edad menos que tierna:
Otros hay que los gobierna
Edad mas endurecida:
Cual flaca y descolorida,
Cual la quiere gorda y fresca
Con lombriz que con aluda:
Cada uno estornuda
Como Dios le ayuda.

————

II.

Ándeme yo caliente
Y ríase la gente.
Traten otros del gobierno
Del mundo y sus monarquias,
Mientras gobiernan mis dias
Mantequillas y pan tierno,
Y los mañanas de invierno
Naranjada y aguardiente,
Y ríase la gente.

Coma en dorada vajilla
El Príncipe mil cuidados
Como píldoras dorados,
Que yo en mi pobre mesilla
Quiero mas una morcilla
Que en el asador reviente,
Y ríase la gente.

Cuando cubra las montañas
De plata y nieve el Enero
Tenga yo lleno el brasero
De bellotas y castañas,
Y quien las dulces patrañas
Del Rey que rabió me cuente,
Y ríase la gente.

Busque muy enhorabuena
El mercader nuevos soles:
Yo conchas y caracoles
Entre la menuda arena,
Escuchando á Filomena
Sobre el chapo de la fuente,
Y ríase la gente.

Y siendo Amor tan cruel
Que de Piramo y su amada
Hizo tálamo una espada
Do se junten ella y él,
Sea mi Tisbe un pastel
Y la espada sea mi diente,
Y ríase la gente.

——— ———

LETRILLA

(IMITANDO EL ESTILO DE GÓNGORA Y QUEVEDO).

Que un sabio de mal humor
Llame locura al amor,
Ya lo veo:
Pero que no se enloquezca,
Cuando otro humor prevalezca,
No lo creo.

Que una doncella guardada
Esté del mundo apartada,
 Ya lo veo:
Pero que no muera ella
Por salir de ser doncella,
 No lo creo.

Que un filósofo muy grave
Diga que de amor no sabe,
 Ya lo veo:
Pero que no mienta el sabio
Con el pecho y con el lábio,
 No lo creo.

Que una moza admita un viejo
Por marido ó por cortejo,
 Ya lo veo:
Mas que el viejo en confusiones
No dé por cuernos doblones,
 No lo creo.

Que un amante abandonado
Diga que está escarmentado,
 Ya lo veo:
Pero que él no se desdiga
Si encuentra grata á su. amiga,
 No lo creo.

Que una vieja ya se asombre
Hasta del nombre de hombre,
 Ya lo veo:
Pero que ella no quisiera
Ser de edad menos severa,
 No lo creo.

Que una muger á su amante
Jure ser siempre constante,
 Ya lo veo:
Pero que se pase un dia,
Y ella quiera todavia,
 No lo creo.

Que de todas las mugeres
No importen los pareceres,
 Ya lo veo:
Pero que de la que amamos
El parecer no sigamos,
 No lo creo.

Que la muger cual cristal
La quiebre un soplo fatal,
    Ya lo veo:
Pero que pueda soldarse
Si una vez llega á quebrarse,
    No lo creo.

Que al espejo las coquetas
Estudien mil morisquetas,
    Ya lo veo:
Pero que sea de cristal
El objeto principal,
    No lo creo.

Que bastante he murmurado
En lo que está criticado,
    Ya lo veo:
Pero que mucho no pueda
Criticarse en lo que queda,
    No lo creo.

Que la novia moza y linda
Al novio viejo se rinda,
    Ya lo veo:
Pero que crea el barbon
Que ella rinde el corazon,
    No lo creo.

JUAN DE CADALSO.

LETRILLAS SATÍRICAS

DE D. JOSÉ IGLESIAS DE LA CASA.

I.

Mi númen parlero,
Al son del pandero,
Produjó este tono
De estilo asaz mono
Que siempre repito:

"¡Mira qué bonito!"
Amiga Quiteria,
Sabrás que esta feria,
Mi cortejo amado
De cristal dorado
Me regaló un pito:
 "¡Mira qué bonito!"
Ayer Don Mateo
Yendo de paseo
Me quitó el bonete;
Y me dió un billete
Con su sobrescrito:
 "¡Mira qué bonito!"
Estando en visita
Con doña Pepita,
Este alfiletero
Me dió el compañero
Del monge Benito:
 "¡Mira qué bonito!"
Ya sabes qué viejos
Tuve seis cortejos;
Mas de ellos cansada
Solo estoy prendada
De Don Agapito:
 "¡Mira qué bonito!"
Sabrás que Don Diego
Viéndome en el juego,
Como es tan garboso
Me dió este donoso
Faldero perrito:
 "¡Mira qué bonito!"
Una tarde fresca
Estando de gresca
Con Don Fructuoso,
A mi caro esposo
Le hicimos cabrito:
 "¡Mira qué bonito!"

II.

Señor de encomienda,
Que no recomiendo,
"A otro se las venda,
"No á mí que las vendo."

Hidalgo de á marca
Por papelería,
Que en genealogía
Mil padres abarca,
A Herodes Tetrarca
Su raiz haciendo:
"A otro se las venda,
"No á mí que las vendo."
Pedantes visitas
De erudito vario,
Que en un diccionario
Se entró de patitas,
Y alzara mil gritas
Sobre la voz *cuendo*:
"A otro se las venda,
"No á mí que las vendo."
Consejo maduro
De algun calvo verde,
Que si el pelo pierde,
No pierde lo oscuro
Del unto venturo
Que lo irá tiñendo:
"A otro se las venda,
"No á mí que las vendo."
Decir que al Parnaso
Va sutil poeta
Y sigue cometa
El vuelo al Pegaso,
Y en el éter raso
Gira con estruendo:
"A otro se las venda,
"No á mí que las vendo."

III.

Cada dia este mi númen
Sale con su extraordinario:
    "¡Canario!"
  Al son de mi castañuela
Mas que una pascua contento,
Diré verdades sin cuento,
Que mi gaznate no cuela;

De hablar clarito en la escuela,
Soy pájaro voluntario:
    "¡Canario!"
Yo sé que antes solian ser
Indios bravos los que amaban,
Con un vidrio se engañaban,
Prendiólos un alfiler;
Y hoy un hombre ha menester
Para preludio un erario:
    "¡Canario!"
Mirando á cierta ventana,
Que juzgué recoleccion,
Vi una Tais tras el doblon,
Mas que la antigua liviana,
Que el beso de paz ufana
Da, si hay oro, á su contrario:
    "¡Canario!"
Bien sé yo quien se embelesa,
Y en amor corre, ó recula,
Hablando á un mozo de mula,
La que con torno, ó con rueca,
Sino en San Fernando, en Meca,
Debiera ganar salario:
    "¡Canario!"
Yo, en fin, no sé qué remiendo
Á este desbarate le eche,
Ni acierto con qué escabeche,
En sazou se irá poniendo;
El pago que da, si entiendo,
Á quien le sigue ordinario:
    "¡Canario!"

IV.

De que el señor cura tenga
Por ama una moza alegre,
Siendo mejor una vieja,
Para que su ajuar gobierne:
    "¿Qué se infiere?"
De que tan caritativo
El otro esposo se muestre,
Que á cuantos van á su casa
Cortés á todos la ofrece:
    "¿Qué se infiere?"

De que los padres maestros
A predicar se presenten,
Citando autores gentiles
Para instruir á las gentes:
   "¿Qué se infiere?"
De que en casa del letrado
Se mantenga mas la gente
Con el buen parecer de ella,
Que no con sus pareceres:
   "¿Qué se infiere?"
De que una niña se ponga
Opilada algunos meses,
Y nunca de nueve pase,
Y siempre á los nueve llegue:
   "¿Qué se infiere?"
De qué el sastre á su muger
Diga que faltan quehaceres,
Y que busque ella por sí
Modo para mantenerle:
   "¿Qué se infiere?"
De que haya tantos asuntos
De que habla bajo la gente,
Y siendo justificados,
Ninguno alzar la voz quiere:
   "¿Qué se infiere?"

————

V.

Con mas sabrosito humor
Empiezo hoy mi escarapela:
   "¡Canela!"
Lo que hable la lengua mia
A ninguno ha de amargar,
Que bien he de sazonar
Todo mi plato este dia;
Será dulce especería
La que mi mortero muela:
   "¡Canela!"
Placer es ver retocada
La que es pasa como guinda,
A poder de polvos linda,
A fuerza de untos rosada,

Cuando no hay en su quijada
Memoria de que hubo muela:
  "¡Canela!"
Gusto es ver tan poco escasa
Tais es en baile y meneo,
Que á medirlo su deseo
No tuviera fin ni tasa;
Y si ha de barrer la casa,
Necesita tanta espuela:
  "¡Canela!"
Rio en ver que otra en quince años
Siempre está, y busca mancebos
Los mas implumes y nuevos,
Que han de pelar sus engaños;
Y aunque cañones extraños
Crien, ella al fin los pela:
  "¡Canela!"
Mas esto, vaya cual vaya,
¿A mí en ello qué me va?
Ántes bien, quien zurre habrá
A aquel que en zurrar se ensaya,
Haciéndole que esté á raya,
Y la cabeza le duela:
  "¡Canela!"

VI.

Caiga el que caiga, y si el númen
Hoy su látigo enarbola,
  "Ruede la bola."
Una bola es este mundo,
Que harta está de mal rodar,
Y los dos hemos de andar
A túndame que te tundo:
Si digo lo que en profundo
Silencio tiene mi chola,
  "Ruede la bola."
Si un tonto debe gozar
De la tierra la abundancia,
Y en partos de su arrogancia
Sus productos disipar;
Y el pobre en brazos quedar
Del hambre pálida y sola,
  "Ruede la bola."

Ver que un don Lindo soldado,
Olvidado del valor
Del gótico pundonor,
Y el español desenfado,
El rostro, ropa y peinado,
Riza, pule y arrebola,
   "Ruede la bola."
Que un don Trasgo revoltoso,
Sin quien le tire la rienda,
Se porte en toda contienda
Lenguaraz y sedicioso,
Sin que el juez de temeroso
Se atreva á su camisola,
   "Ruede la bola."
Que yo piense en reprender
Cosas que exceden mi brio,
Sin temer el númen mio
Lo mal que lo puede haber;
Pues no me hacen recoger
Entre las piernas la cola,
   "Ruede la bola."

VII.

Que quiera que yo haga cuenta
Que única en amarme ha sido,
La que el corazon partido
Tiene (no es mucho) en ochenta;
Y que intente que mi renta
En sus caprichos se apoque,
   "No hay emboque."
Que quiera el otro ermitaño
Vivir eterno holgazan,
Y de mi bolsillo y pan
Mantenerse todo el año,
Porque me libre del daño
De peste el señor san Roque,
   "No hay emboque."
Que presuma de mi Inés,
Por ser muchacha bien quista,
Que la mantenga y la vista
De la cabeza á los piés,

Y vivir del interés
Sin que á sus faldas la toque,
"No hay emboque."
Que pretenda el otro ganso
Que salió el barrio á correr,
Mientras quedó su muger
Con don Narciso en descanso,
Que yo no le llame manso,
Porque trae daga y estoque,
"No hay emboque."
Que Beatriz, hasta los huesos
El mal humor la ha pasado,
Piense que yo enamorado
Gaste en servirla mil pesos,
Por mas que con mil excesos
A liviandad me provoque,
"No hay emboque."
Que quieran que las hazañas
Cante del Cid Campeador;
Y conociendo mejor
De los viciosos las mañas,
Me digan que estas patrañas
En mis versos no las toque,
"No hay emboque."

EL COCHE EN VENTA.

Quiero contarte
Que don Miguel,
Aquel pesado
Que viste ayer,
Me está moliendo
Mas ha de un mes,
Sin ser posible
Zafarme de él,
Para que compre
(Mal haga, amen)
Sus dos candongas
Y su cupé.
Esta mañana
Sali á las diez

A ver á Clori
(No lo acerté):
Horas menguadas
Debe de haber.
Ibame aprisa
Hácia la Red,
Y en una esquina
Me le encontré.
Fueron sin duda
Cosa de ver
Las artimañas,
La pesadez,
Los argumentos.
Que toleré,
El martilleo
De somaten,
Y las mentiras
De tres en tres.
— Y, no hay remedio,
Ello ha de ser:
Porque amiguito
Mirado bien,
Sale de balde.
Parece inglés:
La caja es cosa
Digna de un rey.
¡Qué bien colgada!
¡Qué solidez!
Otra mas cuca
No la vereis.
Pues ¿y las mulas?
Yo las compré
Muy bien pagadas
En Aranjuez,
Y á los dos meses
Llegó á ofrecer
El marquesito
De Mirabel
(Sobre la suma
Que yo solté)
Catorce duros
Para beber
A un chalan cojo
Aragonés,
Que vive al lado
De la Merced.
Son dos alhajas:

No hay que temer,
Fuertes, seguras,
De buena ley.
Con que Domingo
Puede á las seis
Ir á mi casa,
Yo os dejaré
Las señas ... Pero ...
¿Teneis papel?
— No tengo nada,
Ni es menester:
Dejadme vivo
Sayon cruel.
Si ya os he dicho
Que no gasteis
Saliva y tiempo:
Si no ha de ser:
Si por no halláros
Segunda vez,
Solo, sin capa,
Me fuera á pié
Hasta la turca
Jerusalen.
— ¿Y te parece
Que le ahuyenté?
Nunca un pelmazo
Llega á entender
Lo que no cuadra
Con su interés.
  Quise causarle;
Me equivoqué.
Sigo mi trote,
Sigue tambien,
Suelto de lengua,
Agil de piés,
Siempre á la oreja
Como un lebrel.
Lloviendo estaba
Y á buen llover;
Calles y plazas
Atravesé,
Charcos, arroyos ...
Voy á torcer
Por la bajada
De San Ginés:
Hallo un entierro
De mucho tren:

Muerto y parientes
Atropellé.
Él, por seguirme,
Dió tal vaiven
A un monaguillo,
Que sin poder
Valerse, al suelo
Cayó con él.
Tal del pobrete
La rabia fué,
Tal cachetina
Siguió despues,
Que malferido,
Zurrado bien,
Allí entre el lado
Me le dejé.

LEANDRO FERNÁNDEZ DE MORATIN.

LOS DIAS.

¡No es completa desgracia,
Que por ser hoy mis dias,
He de verme sitiado
De incómodas visitas!

Cierra la puerta, mozo,
Que sube la vecina,
Su cuñada y sus yernos
Por la escalera arriba.

Pero ¡qué! ... No la cierres:
Si es menester abrirla:
Si ya vienen chillando
Doña Tecla y sus hijas.

El coche que ha parado,
Segun lo que rechina,
Es el de don Venancio,
¡Famoso petardista!

¡Oh! ya está aquí don Lúcas
Haciendo cortesias,
Y don Mauro el abate,
Opositor á mitras.

Don Genaro, don Zóilo,
Y doña Basilisa;
Con una lechigada
De niños y de niñas.

¡Qué necios cumplimientos!
¡Que frases repetidas!
Al monte de Torozos
Me fuera por no oírlas.

Ya todos se preparan
(Y no bastan las sillas)
A engullirme bizcochos
Y dulces y bebidas.

Llénanse de mugeres
Comedor y cocina,
Y de los molinillos
No cesa la armonia.

Ellas haciendo dengues
Alli y aqui pellizcan:
Todo lo gulusmean,
Y todo las fastidia.

Ellos, los hombronazos,
Piden á toda prisa,
Del rancio de Canarias
De Jerez y Montilla.

Una, dos, tres botellas,
Cinco, nueve se chiflan.
Pues, señor, ¿hay paciencia
Para tal picardía?

¿Es esto ser amigos?
¿Asi el amor se explica,
Dejando mi despensa
Asolada y vacía?

Y en tanto los chiquillos,
Canalla descreída,
Me aturden con sus golpes,
Llantos y chilladiza.

El uno acosa al gato
Debajo de las sillas:
El otro se echa á cuestas
Un cangilon de almíbar.

Y al otro, que jugaba
Detrás de las cortinas,
Un ojo y las narices
Le aplastó la varilla.

Ya mi baston les sirve
De caballito, y brincan:
Mi peluca y mis guantes
Al pozo me los tiran.

Mis libros no parecen,
Que todos me los pillan,
Y al patio se los llevan
Para hacer torrecitas.

¡Demonios! Yo que paso
La solitaria vida,
En virginal ayuno
Abstinente eremita;

Yo, que del matrimonio
Renuncié las delicias,
Por no verme comido
De tales sabandijas,

¿He de sufrir ahora
Esta algazara y trisca?
Vamos, que mi paciencia
No ha de ser infinita.

Váyanse en hora mala:
Salgan todos aprisa:
Recojan abanicos,
Sombreros y basquiñas.

Gracias por el obsequio
Y la cordial visita,
Gracias, pero no vuelvan
Jamas á repetirla.

Y pues ya merendaron,
Que es á lo que venian,
Si quieren baile, vayan
Al soto de la villa.

LEANDRO FERNANDEZ DE MORATIN.

ETRILLAS SATÍRICAS DE JOSÉ JOAQUIN DE MORA.

I.

JUAN Y JUANA.

Juan y Juana, de paseo
Salieron una mañana;
Juana es linda, y Juan es feo,
Pero le aguija el deseo
De casorio. ¡Pobre Juana!

Tan de prisa en amor van
Que ella pide de rondon
Un trage de tafetan,
Palco, velo, rañolon,
Y sortija. ¡Pobre Juan!

Como la niña es liviana
Y el amante algo zeloso,
No quiere que á la ventana
Se asome, pues su reposo
Es lo esencial. ¡Pobre Juana!

Juana ha tomado el refran
De matar á Juan de zelos,
Y Juan en contínuo afan
Ha jurado por los cielos
Separacion. ¡Pobre Juan!

A expresion tan inhumana
Juana pierda la chabeta.
Échase en una otomana,
Y le da una pataleta
De las buenas. ¡Pobre Juana!

Juan maldice su desman,
Pide vinagre, agua fria,
Y mas necio que un patan
Le dice: Querida mia,
Perdóname. ¡Pobre Juan!

Casáronse. Juana ufana
Toda la hacienda destruye.
Juan se fué pobre á la Habana.
Juana ... pero aquí concluye
La historia de Juan y Juana.

II.

LO QUE VALE MUCHA PLATA.

. Escritor de cuentos,
Difuso, pesado,
Y además, prendado
De propios talentos,
Que hace mil comentos
A una patarata,
"Vale mucha plata."

Amigo chismoso
Que por los rincones
Sus indagaciones
Hace escrupuloso,
Y al amo curioso
Luega las relata,
"Vale mucha plata."

Magistrado necio
Que tiene por cosa
Grave, provechosa,
Y digna de aprecio,
Poner fijo precio
Al huevo y patata,
"Vale mucha plata."

Doctor eminente
Que cuando adivina,
Solo por la orina,

El mal del paciente,
Prontísimamente
Lo cura ó lo mata,
"Vale mucha plata."

Letrado que altera
El hecho y lo dora,
Y cuando perora,
Grita y se exaspera,
Saliéndose fuera
De lo que se trata,
"Vale mucha plata."

Mayorazgo rico,
De allá tierra adentro,
Que vive en su centro,
Con Blas y Perico,
Vistiendo pellico,
Calzando alpargata,
"Vale mucha plata."

III.

NO HAY MAS QUE QUERER.

Si un avaro me oyera
Metido en un rincon,
Mientras contra su vicio
Declamo con furor,
Y me dijera al cabo:
Sirvióme la leccion,
Voy á fundar escuelas:
"¿Qué mas quisiera yo?"

Si se prendiera fuego
A un colmado monton
De libros escogidos
Por mí y por otros dos,
Poniendo á los autores
Junto á la ejecucion,
A ver si escarmentaban:
"¿Qué mas quisiera yo?"

Si al perro que de noche,
Con ladrido feroz,
Todo el barrio alborota,
Cerca de mi balcon,
Encima le cayese
No un troncho de una col,
Sino un guijo de arroba:
"¿Qué mas quisiera yo?"

Si el charlatan Machuca,
Que es mi perseguidor,
Para contarme el pleito
Que en Granada perdió,
De pronto se creyese
Que yo era un malhechor,
Y huyese de mi vista:
"Qué mas quisiera yo?"

Si adelantar pudiese
Sin tener mas labor
Que estudiar á Virgilio,
A Horacio y Ciceron,
Sin chismes ni traslados,
Y sin aquel primor
Del otrosí suplico:
"¿Qué mas quisiera yo?"

Si en bodas y en entierros
Me hiciesen el favor
De borrar de la lista
Mi nombre y mi mansion;
Si atravesar pudiese
Por la Puerta de Sol,
Sin tanto majadero,
Sin tanto arrempujon;
Si enfrente de mi casa
No hubiera un herrador;
Si echáran en mi barrio
Mas aceite al farol,
En fin, si todo fuera
Como lo manda Dios,
Digo lectores mios:
"¿Qué mas quisiera yo?"

IV.

LOS CONTRATIEMPOS.

Vais á escuchar mas de un cuento
Que duele y hace rabiar:
Y yo en estos casos, "siento,
"Pero no puedo llorar."

Perseguidor de sufridos,
Y de vedados placeres,
Murmuré de las mugeres,
Y critiqué á los maridos.
Alborotóse el lugar,
Y un brazo fuerte y sangriento
Me hartó de palos. "Lo siento,
"Pero no puedo llorar."

Echó abajo diez ginetes
Alazan de mucho fuego:
Yo traté el lance de juego,
Y á ellos les dije, zoquetes.
En fin, lo llegué á montar
Mas el animal violento
Me rompió un brazo. "Lo siento,
"Pero no puedo llorar."

Sin saber jota de nada,
Quise subirme á mayores;
Satiricé cien autores,
En prosa la mas taimada.
Queriéndose ellos vengar
Dijeron que era un jumento,
Y lo probaron. "Lo siento,
"Pero no puedo llorar."

Unas tierras de labor
Heredé de cierto tio,
Y se las vendi á un judío,
Por mitad de su valor.
Me vine á solicitar
A Madrid, y en un momento,
Me ví sin blanca. "Lo siento,
"Pero no puedo llorar."

Tuve disputa violenta,
Solo por ganar renombre,
Sobre el derecho del hómbre,
Y la libertad de imprenta.
 Sin dejarme respirar,
Por seis años á un convento
Me destinaron. "Lo siento,
"Pero no puedo llorar."

 Prendéme de un lindo talle;
Quiso iglesia; dije, nones:
Y despues de mil cuestiones
Me plantificó en la calle.
 Por fin llegóme á embaucar,
Y hoy es tal mi sufrimiento
Que en la cabeza ... "Lo siento,
"Pero no puedo llorar."

V.

AL REVÉS TE LO DIGO.

 El *non plus* del genio humano
Es una comedia antigua,
Con galones de estantigua,
Y lenguaje chabacano:
Sobre esto un autor germano
Dice cosas estupendas:
"Al revés te lo digo, porque lo entiendas."

 Gran placer es caminar
En un coche de colleras,
Y pasar noches enteras
En mesones de lugar,
Donde no hay que manducar
Sino á fuerza de contiendas:
"Al revés te lo digo, porque lo entiendas."

 No hay ente mas divertido
Que un mayorazgo palurdo,
Vestido de paño burdo,

Y de su alcurnia engreído,
Que mete mucho ruido
Con sus ganados y haciendas:
"Al revés te lo digo, porque lo entiendas."

Una cantora, que chilla,
Un guapo que charla y miente,
Y un coplista de repente,
Son la octava maravilla:
Y el petimetre que brilla
Manejando cuatro riendas:
"Al revés te lo digo, porque lo entiendas."

¿Ves á doña Relamida
Dándole el brazo á Don Preso?
Pues es muger de gran seso:
Tan casta, como entendida;
Y apenas es conocida
Por sus trampas en la tiendas:
"Al revés te lo digo, porque lo entiendas."

Militar almibarado,
Diestrísimo en el florete,
Que hace encima de un bufete,
Un sitio muy obstinado:
Y es el coco del estrado,
Merece tres encomiendas:
"Al revés te lo digo, porque lo entiendas."

Si yo fuera rey, celoso
Del bien de la monarquía,
Solo consejos oiria
De un cortesano achacoso:
O de un prior tabacoso,
De los de mas reverendas.
"Al revés te lo digo, porque lo entiendas."

Pueblo que ha de prosperar
Ha de tener entendido,
Que nunca el hombre instruido
Hizo mas, que alborotar.
No al arado debe honrar,
Si á cogullas y prebendas.
"Al revés te lo digo, porque lo entiendas."

VI.

LA GALLINA CIEGA.

Cuando da la Fortuna,
Con manos indiscretas,
Claro ingenio á la hermosa,
Necedad á la fea,
Salud al millionario,
Y al mendigo jaqueca;
Cuando vierte á raudales
Ventura y opulencia,
Al que de sus hermanos
Los males no consuela,
"¿No está jugando entonces
Á la gallina ciega?"

Cuando sienta en los tronos
El vicio y la pereza,
La ambicion y el orgullo,
La condicion proterva,
Mientras que da á Silvano
Celo, tino, prudencia,
Para que en las montañas
Lleve á pastar ovejas,
"¿No está jugando entonces
Á la gallina ciega?"

A su voz destructora,
Cuando yacen por tierra,
Las aras de Palmira,
Las metopes de Atenas;
Cuando del gran Darío
Da la esplendente herencia,
Al estúpido esclavo
De un barbaro profeta;
Y de un hidalgo inútil
La casa solariega,
A pesar de los siglos,
Inmudable conserva,
"¿No está jugando entonces
Á la gallina ciega?"

Mas no: que bajo el brillo
De la mansion excelsa,
La odiosa envidia esconde

Sus lívidas culebras:
La ambicion atosiga,
Los zelos atormentan
Al que de sus favores
Colmó la instable Dea;
Mientra el techo pajizo
De la choza modesta,
Reposo, paz, virtudes,
Serenidad hospeda.
Tus decretos, Fortuna,
Los hombres reverencian,
"Que no juegas entonces
Á la gallina ciega."

VII.

LOS TONTOS.

Los tontos me asedian,
Me abrumen, me ahogan.
¿No hay quién los espante?
"No hay quién me socorra?"

A mi puerta llama
Camacho el de Soria,
Saluda, se sienta,
Desplega la bolsa,
Fuma diez cigarros,
Mi paciencia agota,
Y toma el sombrero
Despues de tres horas.
Mas tate, que vuelve ...
"¿No hay quién me socorra?"

Un oficinista
De grave pachorra,
Ha escrito un proyecto
De mas de cien hojas.
Ay! que ya lo saca!
Ay! que lo desdobla;
Ay! que me lo explica,
Y le pone notas,
Y á estas comentarios ...
"No hay quién me socorra?"

Convídame Lesmes
A tomar la sopa,
Y cubre la mesa
De inmunda bazofia.
Asados de leña,
Cocidos de estopa,
Vino bautizado,
Café de chicorias,
Y él charla que charla ...
"No hay quién me socorra?"

Montañés ilustre
De ascendencia goda,
¿Porqué me asesinas
Con tu ejecutoria?
Poeta maldito,
¿Posible es, que me escojas
Para recitarme
Tus frases pomposas,
Tus odas eternas?
"¿No hay quién me socorra?"

Por aquí me embisten
Mugeres doctoras,
Por allí eruditos,
Que no saben jota;
Público que aplaude
Comedias lloronas;
Ginete pedante,
Que á la inglesa trota;
Cantor atiplado
Que se desentona;
Vecino que aprende
La flauta ó la trompa.
Uno me pregunta,
Otro me alborota,
Y aquel el chaleco
Me desabotona.
"¿No hay quien los ahuyente?
¿No hay quién me socorra?"

JOSÉ JOAQUIN DE MORA.

LETRILLAS SATÍRICAS

DE MANUEL BRETON DE LOS HERREROS.

I.

Tanto es niña mi ternura
Que no reconoce igual.
Si tuvieras un caudal
Comparable á la hermosura
De ese rostro que bendigo,
"Me casaría contigo."

Eres mi bien y mi norte,
Graciosa y tierna Clarisa,
Y á tener tú menos prisa
De llamarme tu consorte,
Pongo al cielo por testigo;
"Me casaría contigo."

¿Tu me idolatras? "Convengo."
Y yo, que al verte me encanto,
Si no te afanaras tanto
Por saber qué sueldo tengo
Y si cojo aceite ó trigo,
"Me casaría contigo."

Á no ser porque tus dengues
Ceden solo á mi porfía
Cuando, necio en demasía,
Para diges y merengues
Mi dinero te prodigo,
"Me casaría contigo."

Á no ser porque recibes
Instrucciones de tu madre,
Y es forzoso que la cuadre
Cuando me hablas, ó me escribes,
O me citas al postigo,
"Me casaría contigo."

Si, cuando solo al bandullo
Regalas tosco gazpacho,
Haciendo de todo empacho,
No tuvieras mas orgullo
Que en la horca don Rodrigo,
"Ma casaría contigo."

Si despues de estar casados
En lugar de rica hacienda,
No esperase la prebenda
De tres voraces cuñados
Y una suegra por castigo,
"Me casaría contigo."

Si, conjurando la peste
Que llorar á tantos veo,
Virtudes que en tí no creo
De cierto signo celeste
Me pusieran al abrigo,
"Me casaría contigo."

Prende otro novio en tu jaula,
Y Dios te dé mil placeres;
Porque yo, que sé quien eres
Y he conocido la maula,
Sin rebozo te lo digo:
"No me casaré contigo."

———————

II.

Dulce y amable Belisa,
Con su plácida sonrisa,
Con su rostro enardecido,
Con su gracia en el cantar,
Con su lánguido mirar;
¿Qué es lo que quiere? — *Marido.*

Marta, esquiva y desdeñosa
Por parecer virtuosa,
Que todo en ella es fingido;
Cuando dice á cada instante:
"No quiero tener amante,"
¿Que quiere tener? — *Marido.*

Manda siempre Nicolasa
En sus padres y en su casa,
Siempre es su gusto cumplido,
Gasta á montones el oro;
Y aun se anega en triste lloro;
¿Pues qué le falta? — *Marido.*

¿Se trata de matrimonio?
Dijo Inés; pues Diego, Antonio,
Pedro, Juan, alto, encogido,
Lindo, feo, turco, godo ...
Con cualquiera me acomodo.
El caso es tener *marido*.

Tanto acicalarse Juana;
Gastar toda la mañana
En componerse el prendido
Y en apretarse el corsé ...
Vamos, bien claro se vé
Que Juana busca *marido*.

¿Qué pretenderá Marcela
Abonada en la cazuela
Y luciendo el pie pulido
En tienda, calle, paseo,
Circo, baile y jubileo? —
Yo te lo diré: — *Marido*.

En vano ha tomado Paca
Los baños de Carratraca.
Cien doctores han venido:
Ninguno á curarla atina. —
Ni ha menester medicina. —
¿Pues qué ha menester? — *Marido*.

¿Que querrá doña Matea,
Que espanta de puro fea,
Y aun no renuncia á Cupido,
Y da bailes y conciertos,
Y mesas de cien cubiertos? —
Claro está: quiere *marido*.

Con tanto rezar Martina,
Con su ayuno y disciplina,
Con su rostro compungido,
Su Biblia, su Año cristiano,
Y su hábito franciscano,
¿Qué pide al cielo? — *Marido*.

La constante y la coqueta,
La que ha nacido discreta,
Y la que simple ha nacido,
La duquesa, la fregona,
La jóven, la sesentona; —
Todas rabian por *marido*.

III.

Pretender que venturoso
Se juzgue torpe usurero
Aunque de inútil dinero
Llene su arcon hasta el colmo,
Es "pedir peras al olmo."

Pedir á una viuda linda
Que no se asome al balcon,
Y se pudra en un rincon
Sollozando por el muerto,
Es "predicar en desierto."

Trabaje, trabaje, hermano,
Y sacuda la pereza;
Que no saldrá de pobreza
Maldiciendo su fortuna,
Eso es "ladrar á la luna."

No te quedes sin cenar
Cuando riñas con Inés
Por darle pesar. ¿No ves
Que eso es echar, majadero,
"La soga tras el caldero?"

Limitarse á suspirar
Habiendo en la corte blondas,
Confiterías y fondas,
Es no entender á las damas;
Es "andarse por las ramas."

Pedir que no mienta á un sastre,
Que no finja á una muger,
Que no robe á un mercader,
Y que no jure á un sargento;
Eso es "arar en el viento."

Pedir perdon á quien lea
Tu librejo, Bonifacio,
En un humilde prefacio,
Es lo mismo que enseñar
"La horca antes del lugar."

Con satirillas vengarse
De un ilustrado censor,
Es ser ingrato á un favor,
Es ser ruin, ser indio bravo,
Y "apearse por el rabo."

MANUEL BRETON DE LOS HERREROS.

SONETOS BURLESCOS

DE TOMÉ DE BURGUILLOS.

I.

Juana, mi amor me tiene en tal estado
Que no os puedo mirar cuando no os veo:
Ni escribo, ni manduco, ni paseo
Entretanto que duermo sin cuidado.
Por no tener dineros no he comprado
(Oh Amor cruel!) ni manta, ni manteo:
Tan vivo me derrienga mi deseo
"En la concha de Vénus amarrado."
De Garcilaso es este verso, Juana:
Todos hurtan, paciencia! yo os le ofrezco.
Mas volviendo á mi amor, dulce tirana,
Tanto en morir y en esperar merezco,
Que siento mas el verme sin sotana
Que cuanto fiero mal por vos padezco.

II.

Si digo á Juana (cuanto hermosa fiera)
Lo que la quiero, ingrata corresponde:
Si digo que es mi vida, me responde
Que se muriera porque no la fuera.
Si la busco del soto en la ribera,
Entre los verdes álamos se esconde:
Si va á la plaza y le pregunto adonde,
Con la cesta me rompe la mollera.

Si digo que es la hermosa Policena
Dice que miento, porque no es troyana,
Ni griega si la igualo con Elena.
Eres hircana tigre, hermosa Juana:
Mas ay! que aun para tigre no era buena,
Pues siendo de Madrid, no fuera hircana.

III.

Muérome por llamar Juanilla á Juana
Y son de tierno amor afectos vivos,
Mas la cruel con ojos fugitivos
Hace papel de yegua galiciana.
Pues, Juana, agora que eres por temprana
Admite los requiebros primitivos,
Porque no vienen bien diminutivos
Despues que una persona se avellana.
Para advertir tu condicion extraña
Mas de alguna Juanaza de la villa
Del engaño en que estás te desengaña.
Créeme, Juana, y llámate Juanilla;
Mira que la mejor parte de España
Pudiendo Casta se llamó Castilla.

Tomé de Burguillos.

EL NARICISMO.

Soneto burlesco.

Érase un hombre á una nariz pegado,
Érase una nariz superlativa,
Érase una nariz sayon y escriba,
Érase un peje espada muy barbado.
Era un reloj de sol mal encarado,
Érase una alquitara pensativa,
Érase un elefante boca arriba,
Era Ovidio Nason mas narizado.

Érase un espolon de una galera,
Érase una pirámide de Egito,
Las doce Tribus de narices era.
Érase un naricismo infinito,
Muchísima nariz, nariz tan fiera
Que en la cara de Anás fuera delito.

QUEREDO.

SONETO BURLESCO.

Dentro de un santo templo un hombre honrado
Con grande devocion rezando estaba:
Sus ojos hechos fuentes, enviaba
Mil suspiros del pecho apasionàdo.
Despues de por gran rato hubo besado
Las religiosas cuentas que llevaba,
Con ellas el buen hombre se tocaba
Los ojos, boca, sienes y costado.
Creció la devocion y pretendiendo
Besar el suelo al fin, porque creia
Que mayor humildad aquesto encierra,
Lugar pide á una vieja: ella volviendo
El salvohonor le muestra y le decia:
Besad aqui, señor, que todo es tierra.

MENDOZA.

SONETOS FESTIVOS DE LUIS DE GÓNGORA.

I.

LA CORTE.

Grandes mas que elefantes y abadas,
Titulos liberales como rocas,
Gentiles hombres solo de sus bocas,
Illustri cavallier, llaves doradas:
Hábitos, capas digo remendadas,
Damas de haz y enves, dueñas con tocas,
Carrozas de á ocho bestias y aun son pocas
Con las que tiran o que son tiradas:

Catariberas ánimas en pena,
Con Bártulos y Abades la milicia,
Y los derechos con espada y daga:
  Cosas y pechos todo á la malicia,
Lodos con perejil y yerba buena,
Esta es la corte: buena pro les haga.

II.

EL COMER TARDE.

Camina mi pension con piés de plomo,
El mio (como dicen) en la huesa,
Mas yo á ojos cerrados ténue ó gruesa
Por dar mas luz al medio dia la tomo.
  Merced de la tigera á punta ó lomo
Me conhorta de murtas una mesa:
Ollay la mejor voz en Portuguesa
Y la mejor ciudad de Italia *Como.*
  No mas, no borceguí: mi chimenea
Basten los años que ni aun breve raja
La profanó de encina ó de aceituno.
  ¡O cuanto tarda lo que se desea!
Llegue, que no es pequeña la ventaja
De comer tarde al acostarse ayuno.

EPÍGRAMA DE TOMAS DE IRIARTE EN FORMA DE SONETO.

Levantóme á las mil, como quien soy,
Me lavo. Que me vengan á afeitar.
Traigan el chocolate; y á peinar.
Un libro ... Ya leí ... Basta por hoy.

  Si me buscan, que digan que no estoy ...
Polvos ... Venga el vestido verdemar ...
¿Si estará ya la misa en el altar?
Han puesto la berlina? pues me voy.

Hice ya tres visitas. A comer ...
Traigan barajas. Ya jugué. Perdí ...
Pongan el tiro. Al campo, y á correr ...

Ya Doña Eulalia esperará por mi ...
Dió la una. A cenar, y á recoger.
¿Y es este un racional? — Dicen que sí.

DISPARATES

DE JUAN DE LA ENCINA.

I.

Anoche de madrugada
Ya despues de medio dia,
Ví venir en romería
Una nube muy cargada,
Y un broquel con una espada
En figura de hermitaño,
Caballero en un escaño,
Con una ropa nesgada
Toda sana y muy rasgada.

No despues de mucho rato
Ví venir un orinal,
Puesto de pontifical
Arrastrado en un zapato:
Tras él ví venir un gato
Cargado de verdolagas,
Y *parce mihi* en bragas
Caballero en un gran pato,
Por hacer mas aparato.

Y asomó por un canton
El bueno de fray mochuelo,
Tañendo con un mazuelo
Al grito de: muera Sanson:
Y vino *Kirie eleison*
Apretados bien los lomos
Con un ropeta de momos,
Y una pega y un raton
Danzando en un cangilon.

Levantóse la sardina
Muy soberbia con un palo,
Tras so *libra nos a malo*
Envuelto en una cortina:
Y en un monte de cecina
Ví cazar una tinaja,
Y unos órganos de paja
Atestados de cocina
Pescando sobre una encina.

Navegando ví venir
Tres calabazas por tierra,
Y una azuela y una sierra
Tropezando por huir:
Y vino *beatus vir*
En una burra vermeja,
Cargado de ropa vieja
Con su vara de medir,
Bostezando por dormir.

Vino Miércoles corvillo
Todo vestido de cañas,
Y salieron las arañas
Con garnachas de amarillo:
Y despues salió Don Grillo
Con el pié tirando barra,
Y de envidia la cigarra,
Con su capa sin capillo
Se tragó un monacillo.

Volteaban con cencerros
El invierno y el verano,
Sendas hondas en la mano
Para derribar los puerros:
Y una manada de perros
Ví venir en procesion,
Y hubieron gran division
Allá encima de unos cerros
Sobre el coger de los berros.

Requiem in eternum vino
Con su manto colorado,
Compuesto el siniestro lado
Con un pernil de tocino:
Y en el medio del camino
Atajóle el *Aleluya*
Diciendo, nadie no huya,

Que si no teneis padrino
De pagar habeis el vino.

Todo aquesto ya pasado,
Dando vueltas en un torno
Ví la luna dentro un horno
Haciéndose pan pintado: ·
Recordé por mi pecado
Sin vestidos ni camisa,
Y todo muerto de risa
De me ver tan despojado
Y sin blanca y sin cornada.

II.

Si entre Aragon y Castilla
Se hace un juego de cañas.
Si hay en él cosas estrañas
¿Que hombre no se maravilla?

Si van pecheros y francos
Unos vivos y otros muertos,
Unos sordos y otros tuertos,
Unos cojos y otros mancos:
Si van en zancos y bancos,
Y llevan por ser mejores
Caballos de espadadores,
Y adargas de mantequilla,
¿Que hombre no se maravilla?

Si salen dos mil Pigmeos
En caballos de cohombros,
Y llevan sobre los hombros
Á los montes Pirineos:
Si salen los Maniqueos,
Los Lombardos y los Godos
Y por disfrazarse, todos
Van dentro de una morcilla:
¿Que hombre no se maravilla?

Si sale el peñon de Martos
Y el bravo Rey Don Alfonso,
Uno cantando un responso
Y otro derramando cuartos:

Si van los Persas y Partos
Todos tras de una lechuza,
Los unos hechos alcnza,
Los otros hechos panilla:
¿Que hombre no se maravilla?

Si salen Arrio y Mahoma
Borrachos hasta no mas,
Y tras ellos Fierabrás
Metido en una redoma:
Si sale el Pasquin de Roma
Asido al rabo de un gato,
Y lleva Poncio Pilato
Por bonete una escudilla:
¿Que hombre no se maravilla?

JUAN DEL ENCINA.

DÉCIMAS DE FRANCISCO GREGORIO DE SALAS.

I.

RECETA SEGURA CONTRA LA HIPOCONDRIA.

Vida honesta y arreglada,
Hacer muy pocos remedios,
Y poner todos los medios
De no alterarse por nada:
La comida moderada,
Ejercicio y diversion,
No tener aprehension,
Salir al campo algun rato,
Poco encierro, mucho trato,
Y contínua ocupacion.

II.

Á UN GLOTON QUE JAMAS COMIA EN SU CASA.

O tú, almacen general,
Que en pitagórica empresa
Trasmigras de mesa en mesa,
Como embudo racional;
Allá en el ancho canal
De tu estómago portátil,
Se halla un ácido volátil,
Tal, que en cualquiera funcion
Digiere con perfeccion
Hasta los huesos de dátil.

III.

SISTEMA DE PRETENDIENTES.

Hacer gala placenteros
De titulos honorarios
Y aprender por diccionarios
La ciencia de los libreros:
Importunar lisonjeros
Con teson impertinente,
Cultivar un buen agente,
Dar con diligente modo
Memoriales para todo,
Y esperar eternamente.

IV.

EL ESPAÑOL.

El Español es honrado,
Es esforzado y valiente,
Es moderado y prudente,
Buen marino y buen soldado,

Es obediente y callado,
Es generoso y sufrido,
Ingenioso y advertido,
Y con tal disposicion,
Por falto de aplicacion,
Es un tesoro escondido.

———

V.

EL PORTUGUÉS.

Cree el Portugués finchado
Que es mas que un rey de otra parte,
Que sujeta al mismo Marte,
Y que al mundo ha dominado:
Que á todos la ley ha dado,
Que es mas fuerte que Sanson,
Mas sabio que Salomon,
Y creyendo lo que ves,
Todo, todo esto es
Un terrible mentiron.

———

VI.

CALLE DE SAN ANTON.

Perros, borricos y machos,
Viejas horribles y eternas,
Bodegoncillos, tabernas,
Y sociedad de muchachos;
Gran número de borrachos,
Juramentos y disputas,
Cáscaras de varias frutas,
Verduleras y cabreros,
Muchos chiquillos en cueros,
Y rabaneras astutas.

VII.

Madrigal.

¡Muger, muger! ¿Que mas quieres de mí?
¿Quieres aborrecerme? — Eso haces ya —
¿Quieres mi corazon? — Ya te le dí.
¿Quieres muera á tus manos? — ¡Ojalá!
¿Quieres versos? — Pues hételos aqui.
¿Quieres que no te vea? — Bien está.
Pues, dí, muger, ¿qué mas puedo hacer yo?
¿Olvidarte? — ¡Ay mis ojos! eso no.

TOMÁS DE IRIARTE.

DÉCIMAS.

I.

Con la estafeta pasada
Me dió aviso un gentilhombre
De que asombrais con mi nombre
Y que matais con mi espada:
Vivís, señora, engañada,
Que el amor que os he propuesto
No es hijo de Marte en esto:
Antes es dél tan distinto
Que si me hablais en el quinto
No os he de hablar en el sexto.

II.

Pastor, que en la vega llana
Del Bétis derramas quejas,
Ya entre lana sin ovejas,
Ya entre ovejas sin lana:
Yo entretengo hasta mañana

Á tu músico zagal,
Que á un idolo de cristal
Que es diamante de desden,
Quiero que le cante bien
Lo que yo le lloro mal.

III.

Yace el gran Bonamí, á quien
Será esta piedra no leve,
Que ocupara por lo breve
Una sortija mas bien.
De Átropos aun no el desden
En tierra lo postró agena,
Que un gusano tan sin pena
Se lo tragó, que al enano
La sombra mas del gusano
Que á Jonás de la ballena.

LUIS DE GÓNGORA.

GLOSA JOCOSA.

Que desventura ha venido
Por la triste de la bella,
Que como en las del partido
Hacen ya todos en ella
Teniendo propio marido.
No hacen sino arrojar
Una y otra badajada,
Como quien no dice nada
Se ponen luego á glosar
La bella mal maridada.

Luego va la glosa perra
Tal que no vale tres higos,
Dando en la bella y no en tierra
Como en atabal de guerra
Puesto en real de enemigos:

Vereis disparar allí
Las trece de la hermandad,
Y el que mas mira por sí
Arroja una necedad
De las mas lindas que ví.

Pues no es de tener querella
Que en sirviendo á una casada,
Aunque no lo sea ella,
Á la segunda embajada
Va la glosa de la bella:
Pregunto os, decid Señores?
No tomará gran fatiga
Con tan malos trobadores
La que fuere vuestra amiga,
Si habeis de tomar amores?

O bella mal maridada!
Á qué manos has venido,
Mal casada y mal glosada,
De los poetas tratada
Peor que de tu marido!
Si ello va por mas errar
Y á vos os agrada así
Ventaja os hago yo aquí,
Asi que por mal glosar
Vida, no dejeis á mí.

PADILLA Ó ESPINEL.

EL ARROYO.

ROMANCE.

Con suspiros de cristal
Y de plata mil sollozos,
De poetas desalmados
Se está quejando un arroyo.
Uno me llama serpiente
Con cuyo título asombro,
Que hay hombre que me ha temido
Viéndome en el campo solo.
Otro por peñas y riscos
Me va despeñando, y otro

Me sacude las espaldas
Con las ramas de los olmos.
Qué delito he cometido
Decid, versistas demonios,
Que me dais á cada paso
Castigos tan afrentosos?
Siendo el mayor entregarme
Á cuatro músicos locos,
Pregoneros que me infaman
Con mil falsos testimonios.
Otro por hacerme humilde
Dice soberbio en mi oprobio,
Que con labios de cristal
Beso los piés á los chopos:
Y por esta Cruz bendita
Que es un grande mentiroso
Porque yo no tengo labios
Ni de cristal ni aun de corcho.
Otro, siendo mi caudal
No mas que guijarros toscos,
Dice que son mis arenas
No menos que granos de oro.
Otro del escaso y turbio
Humor que sudan mis poros,
Hace espejo y al momento
Se mira Narciso el rostro.
Civil concepto caduco,
Que solo han visto mis ojos
Un ganapan puesto á bruces,
Tentacion de San Antonio.
Otro dice que me hacen
Los álamos con sus troncos
Paso y calle y la que tengo
Sin que me baden la tomo:
Que á pesar de sus raices
Si en invierno me alboroto
Sin que me ruegen me ensancho
Y me llevo cuanto topo.
Otro dice que soy manso:
Miente el traidor! que me corro
De que traslade á mi frente
La sobra de sus pimpollos:
Porque yo no soy casado
Ni me han nacido floroncos
En la cabeza, ni en ella
Tengo las leyes de Toro.
Otro que me desvanezco

Por prestarme sus asomos
Sin haber humos de Baco
Escalado mi cimborrio.
Otro dice que murmuro:
Quien no ha de volverse un Momo
Contra cuantos critiquizan
Filomenas siendo tordos!
Con cabriolas de plata
Que bailo, me dijo otro,
Un saltaren de cristal
Cuando sobre piedras corro.
Trovadores, qué os he hecho?
Que por burro en versos broncos
Me sacais á la vergüenza
Ya por valles ya por sotos.
Poetas sin rey ni roque!
Por vengarme de vosotros
He de escribir un libro
De *flagello poetarum*,
Válgate un millon de Musas
Casquivano ó casquiroto,
Qué te importa que yo sea
Calvo, tuerto, manco ó cojo?
Y si canta vuestra musa
En lengua española, cómo
Si el poema es castellano
El lenguage es en moscovio?
No es mejor llamar al vino
Vino, solomo al solomo
Que no á los labios claveles
Y á las mejillas madroños?
Yo me voy corriendo al mar
Y entre sus ondas me escondo,
Por no escuchar barbarismos
Con falso disfraz de apodos.

POLO DE MEDINA.

ROMANCES SATÍRICOS
DE JOSÉ JOAQUIN DE MORA.

I.

DON COSME.

Con estas cosas del dia
Don Cosme pierde las carnes,
Que la negra pesadumbre
Le quita el sueño y el hambre.

Heredero presuntivo
De siete vinculos grandes
Ve que se queda *per istam*,
Si va la cosa adelante.

¿De qué le sirven los gules
Con que adorna sus portales,
Si estan las arcas vacias,
Y solo las llena el aire?

¿Sirven para mantenerse
Pergaminos con paisages,
Ejecutorias roidas,
Uniformes de maestrante?

Ya no tendrá mi Don Cosme
Sopistas que lo acompañen,
Ni cocheros que lo adulen,
Ni pelonas que lo estafen.

¡Y un noble sin esto vive!
¡Y un noble puede amañarse
Sin usureros que presten,
Sin mayordomos que manden!

¡Sin acreedores que giman,
Sin parientes que malgasten,
Sin trampas y sin enredos,
Sin porteros y sin pages!

Si supiera alguna cosa
Con que poder ingeniarse ...
Pero un hidalgo, ¿qué aprende?
Un mayorazgo, ¿qué sabe?

Comer, beber y vestirse,
Bostezar y fastidiarse,
Despreciando á todo el mundo,
Y sin que lo aprecie nadie.

Devorado de esta pena,
Don Cosme ve aproximarse
El asma y la calentura,
Y en pos el último trance.

Muere, lo entierran y ponen
En su sepulcro: Aquí yace
Una victima infelice
De decretos liberales.

II.

DON OPAS.

Pensativo está Don Opas,
Doctor en ambos derechos;
Catedrático de prima
En el mismo claustro y gremio.

Pensativo y cabizbajo
Por ver como va cundiendo
Con las doctrinas de *estrangis*
El abandono del *ergo.*

Y dando á puño cerrado
Sobre un sillon reverendo
De vaqueta de Moscovia
Que heredó de sus abuelos:

"¡*O tempora*, o *mores!* dice,
¡O desventurados tiempos!
¡O abandono de las aulas!
¡O triunfo de los mozuelos!

Pierdon las ciencias su lustre,
Y olvídanse en polvo envueltos
Las perlas del Peripato,
Flores del entendimiento.

Al ácido, al gas, al tubo,
Vilipendiados cedieron
La agudeza del *distingo*
La gracia del *Darii Ferio.*

Por las retortas dejamos
Aquel *retorqueo argumentum,*
Que en las áulicas batallas
Daba los golpes postreros.

¡O *sorites!* O afamados
Silogismos en *Japesmo!*
Tornad á ilustrar el mundo,
Volved á aturdir los techos.

Y vosotros, inmortales
Comentadores eternos,
Que al veros en pergamino
Hay quien os quite el pellejo,

Hoy risa excitan (¡*oh nefas!*)
Vuestros sublimes conceptos,
Y vuestras doctas columnas
Sirven á envolver unguentos.

¿Quien hay que estudie de Sánchez
Los donosos himeneos?
¿Tus tésis, o Villapando?
¿Tus cuestiones, oh Acevedo?

¿Quien hay que escriba alegatos
Con citas de Tolomeo,
Y en un pleito de tenuta
Describa el Peloponeso?

De nuestro latin se burlan.
¿Qué tiene que ver ¡camuesos!
El *arma virumque cano,*
Con el *per accidens nego*?"

Dijo, y calando el embozo
Del clarísimo manteo,
Se marchó á sus conclusiones
A rebuznar argumentos.

ROMANCE CORTO.

Por Angel de Saavedra, Duque de Rivas.

Hermana Juanilla,
Si acaso te encuentro
Sentada á la reja,
Oyendo requiebros,
Se lo digo á madre:
Verás con que ceño
Te llama bribona,
Mocosa, arrapiezo.
Vedará que vayas
Con blondas y fluecos
A misa el domingo,
La tarde al paseo.
Que tengas cuidado,
Juanilla, te advierto:
Pues yo he de contarlo
Sin faltar un pelo.
Que no me parece
Justo ni bien hecho,
Cuando apenas solo
Me llevas dos dedos,
Que me dejes sola
Mientras me divierto
Con mis muñequitas,
Vajillas y pesos;
Por estarte hablando
Con esos mozuelos.
Aun no hace dos meses,
Ni tampoco medio,
Que conmigo hacias
Divertidos juegos:
El de las visitas,
El de los bateos,
El de las comadres,
Con otros diversos.
Mal haya aquel dia,
Que por pasatiempo
La ropa de madre
Probamos al cuerpo:
Porque ya te viene

Su saya, te has puesto
Tan tonta y fachenda,
Que da rabia el verlo.

EL CONSEJO.

VILLANESCA.

Mi abuela me dice
Que si me enamoro
Tendré grandes iras,
Pesares y enojos.
Que amor es un fuego,
A cuyo ardor solo
Nadie fijó lindes,
Nadie puso coto.
Mas la buena vieja
Yo creo que chocho
Tiene ya el sentido,
Como el gusto boto.
Pues si con mi Alexi
De amor ciego y loco
Traviesa yo huelgo,
Festiva retozo;
Toda la vehemencia
Del amor fogoso
Que se aplaca siento,
Que se endulza noto.

EL PREMIO DE AMOR.

VILLANESCA.

Mi florido huerto,
Por mi cultivado
Ser testigo suele,
Del pastor que yo amo.
La primer manzana,

Que aun no se ha pintado,
Será solamente
De mi enamorado;
Aunque para el gusto
Del zagal lozano
Mas bellas manzanas
Yo conservo y guardo.
Dárse las he en prémio,
Dárse las he en pago
De lo atento y fino,
Que se me ha mostrado.

JOSÉ IGLESIAS DE LA CASA.

2. RIMAS VARIAS DE GÉNEROS DIVERSOS.

EL MULO DEL ABAD.

Cual diablo me tapó
Con este cabez pacido?
Cual diablo me robó
Tan aína mi sentido?
Que si yo mas cuerda fuera
Y por él no me creyera,
Castigar me debiera
Lo que de él habia oido.

Un arcipreste malvado
Que me vido de partida,
Con un macho me ha engañado
Cual sea negra su vida:
Y no digo que es haron
Ni que le toma torzon,
Mas porfía por un son
Que la espuela se le olvida.

El fraile santo cortés
Bien juraba que era sano:
El coxquea de tres piés
Y no hinca la una mano,
Mas con todas estas plagas
Sobrehueso y ajuagas,
La boca lleva de llagas,
Es verdad que anda llano.

Zanquituerto y rodilludo
Lo hicieron sus pecados:
Con sus dientes acerados
Bien come y no es agudo:

No digo que es chica pieza,
Ni que tiene gran cabeza,
Ni tampoco que tropieza
Mas cae bien á menudo.

Despalmado y otros tales
Cien mil daños encubiertos
El tiene, por los cuales
Mil machos debian ser muertos:
Mas vereis en sus costillas
Que él sabe de muchas sillas,
Y son fechas sus rodillas
De rezar á cabos ciertos.

Cuando ya pude tornallo
Mal ó bien me dí al trasache:
Rabiando por embiallo
Dije al mozo que despache:
"Toma, toma este diablo
"Mételo en el establo
"De aquel que ví en un retablo
"Pintado por moharrache."

Magner lo llevó el muchacho
Por ruego ni mensageros
No quiso tomar el macho
Ni volverme mis dineros:
Yo rabio cuando contemplo
Que roban el santo templo
Y nos dan tan mal ejemplo
Estos bigardos cuatreros.

De las cartas citatorias
Ni del costa del meson
Y no fago dilatorias
Que no es tal mi condicion:
Pero tanto digo en suma
Que mal fuego lo consuma
El que dió causa á mi pluma
De facer tal oracion.

Guardáos todos, guardad,
De personas tan maldichas,
Y del mulo del abad
Con sus tachas sobredichas.

JUAN DE MENA.

LA DEVOTA SEÑORA.

Hanme dicho que se atreve
Una dueña á decir mal,
Y he sabido como bebe
Contino sobre un brial.
Y aun bebe de tal manera
Que siendo de terciopelo
Me dicen que á chico vuelo
Será de la tabernera.
   Está como un serafin
Diciendo siempre: Ojalá
Estuviese Don Martin
Adonde mi casa está:
De Valdeiglesias se entiende
Quisiera de buena gana
Hacerse allí parroquiana
Pues que tal vino se vende.
   Y rezase cada dia
La tan devota señora
Esta santa letania
Que ponemos aqui agora:
En medio del suelo duro
Hincados los sus hinojos,
Llorando de los sus ojos
De beber el vino puro.
   "Oh beata Madrigal!
"*Ora pro nobis* á Dios:
"Oh santa Villareal!
"Señora, ruega por nos:
"Santa Yepez, santa Coca,
"Rogad por nos al Señor,
"Por que de vuestro dulzor
"No fallezca la mi boca.
   "Santo Luque! yo te pido
"Que rueges á Dios por mi,
"Y no pongas en olvido
"De me dar vino de tí.
"Y tú Baeza beata,
"Ubeda Santa bendita,
"Este deseo me quita
"Del torrontés que me mata!"

JORGE MANRIQUE.

VERSOS ESDRÚJULOS.

Mándasme, amigo carísimo,
Como si fuera ya plático
Que te diga á lo ridículo
La pretension de lo clásico.
Y aunque mi talento es mínimo
Para un empeño tan árduo
Por obedecer te dírigo
Este que se sigue cántico.
Juntábanse algunos críticos
En cierto puesto aromático,
Donde pasaban lo rígido
En un contubernio extático.
Hablaban de lo político
Unos, y otros de lo trágico
No menos que de lo místico,
Mas todo en tono temático.
Por esto enfadado un físico
Con el rostro torvo y pálido
Ordenó que el contubérnico
Si dividiera instantáneo.
Lo criminal en el pórtico
Colocó de su habitáculo,
Por ser el puesto honorífico
Entre lechugas y rábanos.
Dispuso el sitial jurídico
Con asientos menos tácitos,
Para que ayuden decrépitos
Á los que sustentan gárrulos.
Y porque en materias frígidas
Haga concurrentes cálidos,
Dispuso que del intróito
No pasasen los flemáticos.
Puesto el tribunal satírico
Con artificio mecánico,
Se sientan á los crepúsculos
Todos los jueces lunáticos.
Sacan literales crímenes
Que es su cotidiano pábulo,
Sin perdonar á lo poético
Ni á lo sencillo y seráfico.
Es este un escollo pérfido
Donde padecen naufrágio
Desde el navío mas ínclito
Hasta el barquillo mas rápido.

Es un tribunal de Dédalo,
Donde se juzga á lo zámbigo,
Unos con decreto explícito,
Otros con susurro zángano.
   En un tiempo tan estítico
Basta con estilo orgánico
Haber dicho lo mas lícito
Solo por tu beneplácito.
Vendrá el dia salutífero
En que con acento cándido
Diré de tales filósofos
Que son un hato de páparos.

Autor incierto.

(Nota: En los *versos esdrújulos* débese fiuir cada verso con un dáctilo

LA PULGA.

Espíritu lascivo,
De los reynos de amor libre tirano,
Sútil átomo vivo,
En picar y color mostaza en grano,
Pára en alguna parte,
Que mal podré saltando retratarte.
   Pues la noche defiende
Tu vida á tantos dedos alguaciles,
No huyas, dulce duende,
Que en tus heridas, á traycion sutiles,
Como los zelos eres:
Que pecas, y te vas por donde quieres.
   En la tórrida zona
Los bárbaros respetan la hermosura,
Que aun la muerte perdona;
Y tú cruel, inexorable y dura
(Mas turca que Amurates)
Campos de aljófar siembras de granates.
   ¡Oh punto indivisible
De la circunferencia de tu dueño!
Arador invisible,
Homicida frenética del sueño,
Que como delincuente
Te pasas á Aragon tan facilmente.

¿Qué gravedad no encuentras?
¿Qué hermosura no asustas? ¿Qué clausura,
Sacrílega, no entras?
¿Qué estrado, qué valor, qué compostura
No asaltas, ni sarpulles?
Y cuando mas te agarran te escabulles.

    Corrido un elefante
Dijo á una pulga: ¡oh gran naturaleza!
Mi envidia no te espante:
¿Para qué quiero yo tanta grandeza,
Si duermo en la campaña,
Y esta en la holanda, que en azahar se baña?

    De hierba me sustento,
Y tú de la mas pura sangre humana:
En tierra, en agua, en viento
Vive todo animal, tú en oro y grana,
De donde miras sola
Cuanto circunda la terrestre bola.

    Verdad dijo la fiera,
Pues nunca vió Colon (si se compara)
En una y en otra esfera:
Y aunque por nuevas climas navegara,
Á tanto idografia
Como suele mirar tu fantasía.

    Si la pluma describe
Tu cuantidad ¿cual hombre, aunque rey sea,
Tantos palacios vive,
Ni en tantas galerías se pasea?
Pero en efecto eres
Mala justicia: de torcida mueres.

    Hazaña fue de Alcides
Flechalle las Harpias á Tineo:
Tu, pulga, que resides
En la mesa mayor de mi deseo.
Mira que no te inclines
Donde te maten flechas de jazmines.

    Pero pimienta viva,
Que naces en los reynos orientales:
Tenaza fugitiva,
Que tienes los candiles por fiscales:
Avispa, que sin pena
Vagas ociosa entre la miel agena:
    ¿Qué venganzas iguales
Como hallarte en el hurto y retorcerte
En yemas de cristales?
Porque parezcas el la dulce muerte

A los enamorados,
Que mueren retorcidos y estrujados.
  No andes por las ramas
Poniendo en nieve cándida lunares:
Si bien pulga te llamas,
Porque sueles morir entre pulgares;
Aunque te puso un dia
Hernando del Pulgar su valentía.
  ¡Que necios anduvieron
En sus transformaciones nebulosas
Los dioses, que se hicieron
Cisnes, toros, caballos, fuentes, rosas!
Pues si en tí se volvieran,
¡Qué linces Argos sus engaños vieran!
  Filis está enojada
Porque eres, pulga, cazador sin miedo
De la lengua vedada:
Guárdate, pulga, del puñal de un dedo:
¡Mas ojalá yo fuera
Quien entre puertas de marfil muriera!
  Pulga, á los dos nos falta,
Á tí mi humano ser, y á mi tu dicha:
Pica; repica, salta;
Y si morir tuvieres por desdicha,
Troquemos el empleo,
Yo seré pulga, y tú serás deseo.
  Mas ya que el diente aplicas,
Purpúreo estamparás círculo breve:
Serémos, si la picas,
Saltando por el arco de su nieve,
(Aunque á mis ojos fuego)
Tú el perro, yo el que paga, Amor el ciego.

LOPE DE VEGA CARPIO.

LA GOTA Y EL AMOR.

  Tengo la cabeza rota
En esta cama tendido
Del cruel dolor herido,
Que el médico llama gota.

Las horas que el sufrimiento
Con el alivio cobraba,
Eran que se preparaba
Para el futuro tormento.
    Considerando mi mal
Y el que padece un amante,
Halléle tan semejante
Y el martirio tan igual;
    Que vengo á dar por sentencia,
Compadre mio y señor,
Que entre la gota y amor
No hay ninguna diferencia.
    La gota generalmente
De un humor caliente empieza,
Que corre de la cabeza
Como de su propia fuente.
    Asi amor de fuego viene
Que en la cabeza se cria,
Cuando la encuentra vacía
Del seso que le conviene.
    Si la gota quita el sueño
La paciencia y el comer,
No es amor (ni suele ser)
Mas hidalgo con su dueño.
    Y si el cuitado paciente
Ayes entona diversos,
El amador hace versos
Que descubren lo que siente.
    En las coyunturas duele
La gota con mas vigor,
Y en coyunturas amor
Hacer maravillas suele.
    Y si suele dar en cama
La gota con el mas fuerte,
Amor de la misma suerte
Con el amante y su dama.
    Cuando el mal al pié desciende
Y el dolor hiere sin tasa,
La sombra y aire que pasa
Todo le agravia y ofende.
    Asi quien de veras ama
Tales zelos forma y cria,
Que aun el aire no querria
Que le tocase á su dama.
    Cuando la gota convida
Á que echen la sangre fuera,

Al amante una tercera
Le chupa la sangre y vida.
   Al gotoso en su dolor
Suelen por todas las vias,
Aplicarle cosas frias
Que resistan el dolor.
   Y aplicada de este modo
La nieve de larga ausencia,
En la amorosa dolencia,
Suele curarla del todo.
   Al gotoso comunmente
Cuando mas salud alcanza,
Si el tiempo hace mudanza
Luego la salud lo siente.
   Y el galan que sin razon
Su dama se le retira,
Luego vereis que suspira
Y enferma del corazon.
   Cuando la gota se ensaña
Lo que mas es menester,
Es la templanza en comer
Porque todo exceso daña.
   Y el galan no vale un cuarto
Si lo da de comedor,
Porque en el juego de amor
Se suele morir de harto.
   La gota curada en vano,
Viene el negocio á parar
Por un tiempo en cojear
Con un bordon en la mano.
   Asi amor por galardon
Regala con mal francés,
Y no se tiene en los piés
El galan sin su bordon.
   Esto es en resolucion
Lo que me movió á tener
Un tan nuevo parecer:
Juzgad si tengo razon.

BALTASAR DE ALCÁZAR.

EL SUEÑO.

No es el sueño cierto lance
Sus caprichos tiene el sueño,
Y lo alcanza presto el dueño,
Ya no puede dálle alcance.
  Este tan vário accidente
Suele á veces dar disgusto,
Yo le corrijo y ajusto
Con el aviso siguiente.
  Cuando el sueño se detiene
Rezo para reposar,
Y en comenzando á rezar
En el mismo punto viene,
  Si carga mas que debia
Pienso en las sumas que debo,
Y el sueño huye de nuevo
Como la sombra del dia,
  Ved el áspero y cruel
Cuan manso sigue mi indicio,
Y con cuan poco artificio
Hago lo que quiero de él:
  Con tanta puntualidad
Que como galan y dama,
Tenemos á mesa y cama
Perpetua conformidad.
  Revelóme este secreto
Una vieja de Antequera,
Y desde la vez primera
Hizo verdadero efeto.
  Y asi por larga experiencia
He venido á conocer,
Que con rezar y deber
Se repara esta dolencia.

BALTASAR DE ALCÁZAR.

———

LOS CONSONANTES.

Quisiera la pena mia
Contentarla, Juana, en verso,
Pero temo el fin diverso
De como yo lo querria.

Porque si en versos refiero
Mis cosas mas importantes,
Me fuerzan los consonantes
A decir lo que no quiero.

Ejemplo: Inés me provoca
Á decir mil bienes de ella,
Si quiero llamarla bella
Dice el consonante loca.

Y asi vengo á descubrir
Con término descompuesto,
Que es una loca, y no es esto
Lo que yo quiero decir.

Y si la alabo de aguda
Y mas ardiente que fuego,
A la aguda dice luego
Su consonante picuda.

Y asi la llamo en sustancia
Picuda quizá sin sello,
A lo menos sin querello
Por sola la consonancia.

El verso en todo me impide
Y podrán hacerme cargo
Que en la relacion me alargo
Mas de lo que el cuento pide.

Aunque puede haber descuento
Si el mentir no es excesivo,
Pues si miento en lo que escribo
Por los consonantes miento.

Demás de esto tengo duda
Que mi verso te contente,
Mirado menudamente,
Porque despuntas aguda.

Y no siendo cual deseas
Te fastidian versos malos,
Y será darte de palos
Obligarte á que los leas.

Pues Juana, si hago fiucia
De tratar contigo en prosa,
Tu eres limpia y melindrosa
Y es mi prosa un poco sucia.

Porque por ser tan añejo
Ya en los años, suelo usar
En escribir y en hablar
Palabras del tiempo viejo.

Y la experiencia me avisa
Que no será maravilla,
Que la esperada mancilla
La conviertas toda en risa.

Y asi si yo no me engaño
Parecerá menos feo,
Desamparar mi deseo
Que seguille con mi daño.

Y de estas dificultades
Resulta si bien lo miras,
Que en el verso irán mentiras
Y en la prosa necedades.

BALTASAR DE ALCÁZAR.

¿SOY SUYO Ó NO?

Esclavo soy, pero cuyo
Eso no lo diré yo,
Que cuyo soy me mandó
Que no diga que soy suyo.

Cuyo soy jurado tiene
De ahorcarme si lo digo:
Líbreme Dios de un castigo
Que á tales términos viene.
   Yo horro? siendo de un cuyo
Tal cual quien me cautivó?
Bien librado estaba yo
Si dijera que soy suyo.
   Anda á ganar para mí
Mas no quiero libertad,
Que está de mi voluntad
Por ser esclavo la dí.
   Harto he dicho pero cuyo
Puedo yo ser, eso no:
Digalo quien me mandó
Que no digo que soy suyo.
   Púsome en el alma el clavo
Su dulce nombre y la S,
Porque ninguno pudiese
Saber de quien soy esclavo.
   Quien quisiere saber cuyo
Lea donde se escribió,
Y verá quien me mandó
Que no diga que soy suyo.
   Quiero al decir quien es
Si no me la estorba el miedo:
Soy de Inés ... perdido quedo,
Señores, no soy de Inés!
   Burlando estaba en el cuyo,
Mal haya quien me engañó!
No estaba en mi seso, no,
Si he dicho que soy suyo.

BALTASAR DE ALCÁZAR.

LA LIGA.

Cubrid la ligas, amiga,
Sin meterme en tentacion,
Que yo no soy gorrion
Para que me armeis con liga.

Halláisme ya tan de paz
Y tan templado á lo viejo,
Que no basta el rapacejo
Para tomarme, rapaz!
No espereis á que os lo diga
Por segunda monicion,
Que yo no soy gorrion
Para que me armeis con liga.

Esa rosa que os parece
Ha de ponerme osadía,
Es rosa de Alejandría
Que me estraga y enflaquece:
Acabad de echar, amiga,
Á la jaula el pabellon,
Que yo no soy gorrion
Para que me armeis con liga.

Aunque en cualquiera refriega
Una liga es respetada,
No es esta liga la armada
Que contra el Turco navega:
Ni penseis que me perdiga
Tan moderada ocasion,
Que yo no soy gorrion
Para que me armeis con liga.

JUAN DE SALINAS.

LOS NIÑOS Y LAS MUGERES.

Las mugeres y los niños
Tienen una condicion,
Pues se acallan con un don
Mas que con treinta cariños.

Niño y muger varios modos
Hallan en su suerte extraña:
Aquella á todos engaña
Y al niño engañan todos.

Los niños y las mugeres
Iguales vienen a ser
En mudar de parecer
Y mudar de pareceres.

Niño y muger con fatiga
Lloran, mas discordes tanto
Que en aquel ofende el llanto
Y en esta el llanto obliga.

De ángel es el parecer
De ambos en varios concetos,
El niño con los discretos,
Con los nécios la muger.

Distincion y grande toco
Que entre niño y muger nace,
Pues ella cocos nos hace
Y al niño le hacen el coco.

Francisco de la Torre.

LOS LADRONES.

Contaros quiero esta vez,
(Muy sin nota de grosero
En mi fineza)
Que anoche á mas de la diez
Tuve un cierto quebradero
De cabeza.

Yo iba imaginando en vos
(Y aun os llevaba, colijo,
Abrazada)
Y aquí, para entre los dos,
Alguno de envidia dijo:
Pedrada.

Dicho y hecho: al revolver
De una calle á buen compás,
Hétele aqui
Que me salen (á mi ver)
Seis ladrones de los mas
Lindos que vi.

La capa con gran ruido
Me pidió (mudando acera)
Un capeador,

Y yo al verme acometido,
Si el me dejara le diera
Un fiador.

Y yo rindiera por Dios
La capa y aun todo el mapa
Al asombro:
Mas acordéme que vos
Me quisisteis con la capa
En el hombro.

Ella, Clorí, me buscaba
Una ocasion donde quiera
Muy reñida:
Que aunque lo disimulaba,
Bien sabia yo que era
Una raida.

Púseme en defensa, haciendo
(Como dicen) del valiente,
Y soy un pollo,
Y uno de ellos, esgrimiendo
Una piedra, hizo mi frente
Su rollo.

Yo os confieso que me ví
Afligido (ya lo veis)
Á su ahinco:
Que eran los ladrones seis
Y si son muchos, por mi
Sean cinco.

El juicio se me tapa
Y cuando pienso este daño
Se me agovia,
Que maten por una capa,
Que no saben si es de paño
De Segovia.

Vino gente y se asustaron
Y en cobardia volvieron
La fiereza:
Mas nada de mi llevaron,
Aunque un rato me rompieron
La cabeza.

Trajéronme donde en vano
Desea veros mi aficion
Esta vez:
Que me cura el cirujano
Por la segunda intencion
Con gran doblez.

Curas hace tan impias
En mí, que hubieran rompido
Un peñasco:
Y el veros en muchos dias
Ya, Clorí, me lo ha raido
Del casco.

Pero aunque pese al doctor
Muy presto os he de buscar
Mas que escarche,
Que soy saldado de amor,
Y sé que me he de alentar
Con el parche.

CÁNCER.

ORFEO.

Al infierno el Tracio Orfeo
Su muger bajó á buscar,
Que no pudo á peor lugar
Llevarle tan mal deseo.

Cantó y al mayor tormento
Puso suspension y espanto,
Mas que lo dulce del canto
La novedad del intento.

El dios adusto ofendido,
Con un extraño rigor
La pena que halló mayor
Fué volverle á hacer marido.

Y aunque su muger le dió
Por pena de su pecado,
En premio de lo cantado
Perderla facilitó.

QUEVEDO.

UNA INCRÉDULA DE AÑOS.

Una incrédula de años
De las que niegan el fué,
Y al Limbo dan tragantonas
Callando el Matusalen:
De las que detrás del moño
Han procurado esconder,
Sino el agua del Bautismo
La edades de su fé,
Buscaba en los muladares
Los abuelos del papel:
No quise decir andrajos
Porque no se afrente el leer.
Fué pues muy contemplativa
La vejezuela esta vez
Y quedóse ansi elevada
En un trapajo de bien.
Tarazon de cuello era
De aquellos que solian ser
Mas azules que los cielos,
Mas entonados que juez.
Y bamboleando un diente
Volatín de la vejez
Dijo con la voz sin huesos
Y remedando el sorber:
Lo que ayer era estropajo
Que desechó la sarten,
Hoy pliego manda dos mundos
Y está amenazando tres.
Está vestida de tinta
Muy prepotente una ley,
Quitando haciendas y vidas
Y arremetiéndose á Rey.
Con pujamiento de barbas
Está brotando poder
Desde una planta biznieta
De un cadáver de arambel.
Buen andrajo, cuando seas
(Pues que todo puede ser)
Ó provision, ó decreto,
Ó letra de Ginovés:
Acuérdate que en tu busca
Con este palo soez
Te saqué de la basura
Para tornarte á nacer.

En esto haciendo cosquillas
Al muladar con el pié
Llamada de la vislumbre
Y asustado el interés
Si es diamante, no es diamante,
Sacó envuelto en un cordel
Un casquillo de un espejo
Perdido por hacer bien.
Miróse la viejecilla
Prendiéndose un alfiler,
Y vió un orejon con tocas
Donde buscó un Aranjuez.
Dos cabos de ojos gastados
Expirando por niñez,
Y á boca de noche un diente
Cerca ya de oscurecer.
Mas que cabellos, arrugas
En su cáscara de nuez:
Piezas por nariz y barba
Con que el hablar es morder,
Y arrojándole en el suelo
Dijo con rostro cruel:
Bien supo lo que se hizo
Quien te echó donde te ves.
Señoras, si aquesto propio
Os llegare á suceder
Arrojar la cara importa,
Que el espejo no hay por qué.
Él pagó solo la pena
De las culpas de su piel,
Cuando el muladar de años
Como se vino se fué.

QUEVEDO.

AL PADRE ADAN.

Padre Adan, no lloreis duelos:
Dejad, buen viejo, el llorar,
Pues que fuistes en la tierra
El mas dichoso mortal.
De la variedad del mundo
Entrastes vos á gozar
Sin sastres ni mercaderes,

Plagas que trujo otra edad.
Para daros compañia
Quiso el Señor aguardar
Hasta que llegó la hora
Que sentistes soledad.
Costóos la muger que os dieron
Una costilla, y aca
Todos los huesos nos cuestan,
Aunque ellas nos ponen mas.
Dormistes, y una muger
Hallastes al despertar,
Y hoy en durmiendo un marido
Halla á su lado otro Adan.
Un higo solo os vedaron
Sea manzana si gustais,
Que yo para comer una
Dios me lo habia de mandar.
Tuvistes muger sin madre:
Grande suerte y á envidiar!
Gozastes mundo sin viejas
Ni suegrecita inmortal.
Si ós quejais de la serpiente
Que os hizo á entrambos mascar
Cuanto es mejor la culebra,
Que la suegra, preguntad.
La culebra por lo menos
Os da á los dos que comais:
Si suegra fuera os comiera
A los dos y mas y mas.
Si Eva tuviera madre
Como tuvo á Satanás,
Comiérase el paraiso
No de un pero la mitad.
Las culebras mucho saben,
Mas una suegra infernal
Mas sabe que las culebras:
Ansi lo dice el refran.
Llegaos á que aconsejara
Madre de este temporal
Comer un bocado solo,
Aunque fuera rejalgar.
Consejo fué del demonio
Que anda en ayunas lo mas,
Que las madres de un almuerzo
La tierra engullen y el mar.
Señor Adan! menos quejas
Y dejad el lamentar:

Sabe estimar la culebra
Y no la trateis tan mal.
Y si gustais de trocarla
Á suegras de este lugar,
Ved lo que quereis encima
Que mil os la tomarán.
Esto dijo un ensuegrado
Llevándose á conjurar
Para salir de la suegra,
Á un cura y un sacristan.

QUEVEDO.

EN TODOS TIEMPOS EL ORO.

La morena que yo adoro
Y mas que á mi vida quiero,
En verano toma el acero
Y en todos tiempos el oro.

Opilóse en conclusion
Y levantóse á tomar
Acero, para gastar
Mi hacienda y su opilacion:
La cuesta de mi bolson
Sube y nunca menos cuesta.
Mala enfermedad es esta
Si la ingrata que yo adoro
Y mas que á mi vida quiero
En verano toma el acero
Y en todos tiempos el oro.

Anda por sanarse á sí
Y anda por dejarme en cueros:
Toma acero y muestra aceros
De no dejar blanca en mí.
Mi bolsa peligra aquí
Ya en la postrer boqueada:
La suya nunca cerrada
Para chapar el tesoro
De mi florido dinero,
Tomando en verano acero
Y en todos tiempos el oro.

Es niña que por tomar
Madruga antes que amanezca
Porque en mi bolsa anochezca
Que tras esto es su trazar.
De beber se fué á opilar:
Chupando se desopila
Y mis quartos despavila.
El que la dora es Medoro,
El que no pellejo y cuero
En verano toma el acero
Y en todos tiempos el oro.

QUEVEDO.

LOS DIENTES.

Qué preciosos son los dientes
Y qué cuitadas las muelas,
Que nunca en ellas gastaron
Los amantes una perla.
No empobrecieran mas presto
Si labráran los poetas,
De algun nácar las narices,
De algun marfil las orejas.
En qué pecaron los codos
Que ninguno los requiebra?
De sienes y de quijadas
Nadie que escribe se acuerda.
Las lágrimas son aljófar
Aunque una roma las vierta,
Y no hay un culto que saque
De gargajos á las flemas.
Para las legañas solo
Hay en coplas pobreza,
Pues siempre se son legañas
Aunque Lucinda las tenga.
Toda cabello es de oro
En apodos y no en tiendas,
Y en descuidándose Júdas
Se entran á sol las vermejas.
Eran las mugeres antes
De carne y de huesos hechas:
Ya son de rosas y flores
Jardines y primaveras.

Hortelanos de facciones!
Qué sabor quereis que tenga
Una muger ensalada
Toda de plantas y yerbas?
Cuanto mejor te sabrá
Sin corales una geta,
Que con claveles dos lábios,
Mientras no fueres abeja!
O cultos de Satanás,
Que á las facciones blasfemas
Con que piden, con que toman
Andais vistiendo de estrellas!
Un muslo que nunca araña,
Unas calladas caderas,
Que ni atisban aguinaldos
Ni saben qué cosa es feria,
Esto sí se ha de contar
Por los prados y las selvas,
En Sonetos y Canciones,
En Romances y en Endechas.
Y lloren de aquí adelante
(Si es que tuvieren verguenza)
Todo rubí que demanda,
Todo marfil que desuella.
Las bocas descomulgadas
Pues tanto dinero cuestan,
Sean ya bocas de costal
Porque las aten por ellas.
De cáncer se ha de llamar
Toda diente que merienda:
Soles con uñas los ojos
Que se van tras la moneda.
Aunque el cabello sea tinta
Es oro si te le cuesta,
Y de vellon el dorado
Si con cuartos se contenta.
Quien boca y dientes cantare
Á malos bocados muera:
Las malas gordas le ahiten,
Las malas flacas le hieran.

QUEVEDO.

MORIR EN EL VINO.

Dijo á la rana el mosquito
Desde una tinaja:
Mejor es morir en el vino
Que vivir en el agua.

Agua no me satisface,
Sea clara, líquida y pura,
Pues aun con cuanto murmura
Menos mal dice que hace:
Nadie quiero que me caze,
Morir quiero en mi garlito,
Dijo á la rana el mosquito.

En el agua solo hay peces,
Y para que mas te corras
En vino hay lobos y zorras
Y aves (como yo) á las veces;
En cueros hay pez y peces,
Todo cabe en mi distrito,
Dijo á la rana el mosquito.

No te he de perdonar cosa
Pues que mi muerte disfamas,
Y si borracho me llamas
Yo te llamaré aguanosa:
Tú en los charcos enfadosa,
Yo en las bodegas habito,
Dijo á la rana el mosquito.

Qué tienes tú que tratar,
Grito de cienos y lodos!
Pues tragándome á mi todos
Nadie te puede tragar.
Cantora de muladar!
Yo soy luquete bendito,
Dijo á la rana el mosquito

Yo soy ángel de la uva,
Y en los sótanos mas frescos
Ruiseñor de los Tudescos

Sin acicate, ni tuba.
Yo estoy siempre en una cuba
Y tú estás siempre en un grito,
Dijo á la rana el mosquito.

QUEVEDO.

SOBRE LOS VARIOS MÉRITOS DE LAS MUGERES.

Del precio de los mugeres
Son varios los pareceres:
Cada cual defiende el suyo.
Yo que de disputas huyo,
Que nunca gustosas son,
A todos doy la razon,
Y con todas me contento:
Oid hasta el fin del cuento.

Unos gustan de que sea
Su dama hija de la aldea,
De sencillo pecho y trato,
Y que no les dé el mal rato
De artificiosos amores:
Que se salga á coger flores
Por el campo el mes de Mayo,
Con ligero y pobre sayo,
Que de sus abuelas fué ...
Y tienen razon á fé.

Otros de mas alto porte
Quieren damas de la córte
Con magestad y nobleza,
Aun mayor que la belleza.
Con adorno y compostura,
Que dé brillo á su hermosura,
Con fausto y ostentacion ...
Y á fé que tienen razon.

Unos gustan de sabidas
(Que leidas y escribidas
El vulgo suele llamar),
Y que sepan conversar
Del estado, paz y guerra,
Del aire, agua, fuego y tierra,
Con la gaceta y café ....
Y tienen razon á fé.

Otros son finos amantes
De las que son ignorantes
Y que entregaron su pecho,
Sin saber lo que se han hecho,
Que lloran al preguntar,
¿Que cosa es enamorar
Y donde está el corazon? ...
Y á fé que tienen razon.

Unos aumentan su llama
Cuando es juiciosa la dama,
Circunspecta, séria y grave,
Y que la crítica sabe
Del vós, del tú, y del usté ...
Y tienen razon á fé.

Otros, al contrario, quieren
Que las niñas que nacieren,
Nazcan vivas y joviales,
Y se crien tan marciales,
Que de dos ó tres vaivenes,
Entreguen sin mas desdenes
Las llaves del corazon ...
Y á fé que tienen razon.

JOSÉ DE CADALSO.

A UN MINISTRO.

Ayer salí de mi casa
Muy afeitado y muy puesto,
Encaminado á la vuestra,
Como de costumbre tengo,
Para anunciaros felices
Páscuas, salud y contento,
Buen remate de diciembre,
Y buen principio de enero.
Pues, señor, hizo Patillas
Que me saliera al encuentro
Un hablador de los muchos
Que hay por desgracia en el pueblo,
De esos, que lo saben todo,
Que de todo hacen misterio,
Que almuerzan chismes, y viven

De mentiras y embelecos;
Infatigable escritor
De arbitrios y de proyectos;
Entremetido estadista
Y, Dios nos libre, coplero.
Él al verme comenzó
A dar voces desde léjos,
Y á correr y á chichear,
Y en suma no hubo remedio,
Me abrazó, me refregó
Las manos, me dió mil besos,
Y entre los dos empezamos
Este diálogo molesto:
— Moratín, hombre, ¡qué caro
Se vende usted! — ¿Que hay de nuevo?
Vaya, mejor que el verano
Le trata á usted el invierno.
¿Con qué va bien? ... Lindamente.
— Sí, se conoce; me alegro.
Pero ¿como tan temprano?
— Tengo que hacer. — Ya lo entiendo:
Vaya, el barrio es achacoso,
Usted un poco travieso ...
Digo, será la andaluza
De ahí abajo. — No, por cierto.
— ¿Con qué no? — ¡Qué boberia!
Ni la conozco ni quiero;
Ni estoy de humor, ni esta cara
Es cara de galanteos.
— Pues, amigo, linda moza.
¡Cáspita! Mucho salero,
Alta, colorada, fresca,
Boca pequeña, ojos negros,
Petimetrona ... La trajo
De Cádiz don Hemeterio,
Y en un año le ha roído
Cinco barcos de abadejo.
¿Y qué sucede? Que acaba
De plantarle. — Buen provecho:
Pero á mas ver, porque ahora
Voy de priesa y hace fresco.
— Hombre, para ir á Palacio
Es temprano. — Estoy en eso,
Pero no voy. — ¿No? ¿Pues qué
Nunca va usted? — Yo me entiendo.
— ¡Ah! ya caigo; con que siempre ...
Es muy justo ... ya lo veo.

Bien, muy bien. El señor conde
Le estima á usted. — A lo menos
Me tolera; disimúla,
Como quien es, mis defectos,
Y suple con su bondad
Mi escaso merecimiento.
— Sí, yo sé de buena tinta
Que á usted le estima. Un sugeto
Que va allí mucho ... ¿Y qué tal?
¿Con que ya no quiere versos?
¿Es verdad, eh? — No es verdad,
No, señor: si no son buenos
No los quiere, y hace bien:
Si son fáciles, ligeros,
Alegres, claros, suaves,
Y castizos madrileños,
Le gustan mucho. Los mios
Suelen tener algo de esto,
Y por eso los prefiere
Tal vez entre muchos de ellos,
Que serán casi divinos,
Peró que le agradan menos.
— Ya, ya, peró usted debia
Mudar de tono ... — En efecto.
Escribir disertaciones
Sobre puntos de gobierno,
Enseñar lo que no sé,
Ni he de practicar, ni quiero;
Decirle lo que se ha dicho
A todos, darle consejos
Que no me pide, y á fuerza
De alambicados conceptos,
En versos flojos y oscuros,
Y en lenguaje verdinegro,
Entre gótico y francés,
Hacerle dormir despierto;
No, señor, yo nunca paso
Los límites del respeto,
Y entre muchas faltas, solo
La de ser audaz no tengo.
— Bien está, peró ¿qué diantres
Se le ha de decir de nuevo,
Que le pueda contentar?
¿Siempre borrando y temiendo?
¿Siempre una cosa? ... — Una cosa
Dicha por modos diversos
Puede agradar, y tal vez

Anuncia mayor ingenio.
Siempre le diré que admiro
Su bondad y su talento; .
Que no estimo yo las bandas,
Los bordados, los empleos;
Dones que de la fortuna,
Brillan, peró todo es viento;
Sus buenas prendas me inclinan,
Las aplaudo y las venero,
Y con ellas nada pueden
La suerte ciega ni el tiempo.
Y á Dios que es tarde. — Oiga usted.
— Que voy de prisa. — Un momento
Mire usted ... yo ... la verdad ...
Tambien ... ya se vé ... Yo tengo
Algo de vena, y en fin ...
— ¿Tiene usted vena? Me alegro.
¿De qué? — Digo que á las veces
A mis solas me divierto,
Y escribo algunas coplillas
Tales cuales. Yo no quiero
Darlas á luz, porque ... — Bien.
¡Admirable pensamiento!
— Aquí traigo unas endechas,
Un romance, dos sonetos,
Y quiero que usted me diga
En amistad, sin rodeos,
Qué tales son. Venga usted
A aquel portal. — Nos veremos.
— Peró un instante. — Otro dia.
— Y una cancion que he compuesto
Filosófica. — Al diario.
— Y una tragedia, que pienso
Acabar hoy. — A los Caños.
— Y un arbitrio. — A los infiernos.
  Esto dicho, le dejé,
Apresuro el paso y llego,
Y llegué tarde segun
El informe del portero.
Renegué del tropalon,
De sus prosa y de sus versos,
Y de mi estrella, que siempre
Me depara majadores.
¡Ay, señor! entre las dichas
Que pará vos pido al cielo,
La de no conocer nunca
A este verdugo os deseo,.

Que si una vez os alcanza,
Segun es osado y terco,
Por no verle la segunda
Os vais á habitar el yermo.

LEANDRO FERNANDEZ DE MORATIN.

EL REY QUE RABIÓ.

El rey que rabió fué un hombre
Torpemente calumniado;
Yo quiero lavar su nombre,
Del borron que le han echado,
De sus prendas convencido.
Hoy quiero escribir su historia,
Para sacar del olvido
    Su memoria.

Como en su reino los jueces
Eran la pura ignorancia,
El emprendió hacer las veces
De juez de primera instancia;
Mas vió de los pedimientos
La jerga tan revesada,
Que no dió en sus juzgamentos
    Palotada.

Para reprimir el lujo
Dió en una manía rara:
Hizo vida de cartujo,
Con pan seco y agua clara;
Y en tanto sus marmitones,
Riéndose de su hazaña,
Vivian de pastelones
    Y Champaña.

Contra ilícitos amores
Dió una severa ordenanza,
Y en amantes seductores
Ejerció fiera venganza.
Mas sufrió el horible ultraje
De que su augusta consorte
Se enamorase de un page
    De la córte.

Quiso proteger las ciencias,
Objeto de sus conatos,
Pagó raras esperiencias,
Enriqueció á literatos,
Y viendo de estas labores
Los productos lisonjeros,
Se metieron á escritores
  Los barberos.

Dijo á cierto sabio: "Amigo,
Pues tus ideas son grandes,
Solo tus consejos sigo;
Siempre haré lo que me mandes."
Y en pago de este cariño,
Tanto el sabio se desvela,
Que le trató como á niño
  De la escuela.

Fué por fin tan bondadoso,
Tan indulgente y humano,
Que el pueblo se alzó furioso
Y gritó: "¡Muera el tirano!"
"¡Y qué!" clamó, "¿este destino
Se da á mi conducta sabia?"
Por esto le dió al mezquino
  Mal de rabia.

José Joaquin de Mora.

RECUERDOS DE UN BAILE DE MÁSCARAS.

Yo no sé como mi acento
Te diga que al ciego niño
Por tí rendido me siento,
Porque me sobra cariño,
Y me falta atravimiento.

Por mas que el temor me enfrena
Callar no puedo la pena
En que por tus ojos vivo;
Que el mas humilde cautivo
Gime al son de la cadena.

¿Mas quien me asegura, dí,
Que si te digo: "¡Ay hermosa!
Muero de amores por tí,"
Con sonrisa desdeñosa
No te has de mofar de mí?

Mientras halla mi talento
Algun término á esta lucha
Que me da fiero tormento,
Hermosa Dorila, escucha,
Que voy á contarte un cuento.

Érase que se era un baile
Donde yo tambien dancé
(Si danzar aquello fué),
Porque nunca he sido fraile,
Ni lo soy, ni lo seré.

Alli estaba media Europa,
Medio mundo. ¡Qué de trages!
Y entre *galopa* y *galopa*
Zegríes y Abencerrages
Bebian en una copa.

Abriendo paso los codos
Corrían de ceca en meca,
Alegres y no beodos,
Dido, Cleopatra, Rebeca,
Cimbros, Lombardos y Godos.

La música hacia son
Y bailaban la *mazurca*,
Sin maldita la aprension,
Un *paleto* y una turca,
Una china y un valon.

Otros van al ambigú,
Y entre damas y clientes
Consumen medio Perú. —
¡Y qué llaneza de gentes!
Todos se hablaban de *tú*.

Allí el gigante, el enano,
La ochentona, la pupila,
El agreste, el cortesano;
Todos, ¿lo creerás, Dorila?
Tenían voz de *soprano*.

¡Cuanta cabeza al través!
¡Cuanta farsa de entremés!
¡Oh que de figúras raras! . . .
Todas, todas con dos caras. —
Y algunas tenian tres.

No se andaban por las ramas
Mas de cuatro mozalvetes,
Y entre galanes y damas
Llovían los epigramas
Y los dimes y diretes.

Te digo á fé de varon
Que no sé, como describa
Tan amable confusion,
Y tanto dulce empellon
Por activa y por pasiva.

No faltó algun colegial
Que viendo tanto bullicio
Dijo con voz doctoral:
Este es *el final del juicio,*
Si no es *el juicio final.*

Dudé yo si aquel salon
De palaciegos seria;
Y no extrañes mi opinion,
Porque á millares habia
Semblantes de quita y pon.

¿Cuando se ha visto en Iberia
Reir con la cara sería?
¿Quien muestra el rostro sereno
Con un áspid en el seno? . . .
Pues de todo hubo en la feria.

¡Qué estrepitosa alegría!
¡Qué broma! ¡qué algarabía!
¿Quien no estaba divertido?
Solo algun sándio marido
O bostezaba ó gruñía.

Muchas hembras con teson
Conservaban el carton,
Y otras muchas al instante
Lo apartaban del semblante: —
Todas con mucha razon.

Todo allí se confundía:
La viuda con la doncella;
La sobrina con la tia;
La horrorosa con la bella;
La paloma con la arpia.

¡Oh! Si te contara yo
Milagros de una careta,
Prodigios de un dominó ...
Detente, lengua indiscreta,
¿Chismecillos? Eso no.

"Farsas, caretas ... ¿Hay tal?
En vez de pintar su amor,
Un baile de carnaval
Me pinta ese buen señor,"
Dirás tú ahora. — Cabal.

Temo que un *no* me escarmiente
Y busco rodeos mil;
¿Mas qué amador es prudente?
Huyendo del peregil
Me va á salir en la frente. —

Has de saber que en la sala,
Volviendo al baile y al cuento,
Me embromó cierta zagala
Que era de gracia un portento
Y de hermosura y de gala.

Desnudo el brazo de nieve,
Ceñía airoso corpiño
Aquella cintura leve. —
La madre del ciego niño
Con menos gracia la mueve.

Peina de plata labrada
Con gentileza prendia
Su cabellera trenzada,
Y el propio metal lucia
En una y otra·arracada.

No pintaré su primor;
Que aquel dorado cabello
Me parecía mejor,
Y aquel torneado cuello
Es plata de mas valor.

De matizado percal
Era el limpio zagalejo,
Y á su talle celestial
Daba mas brio y gracejo
El ligero delantal.

Aunque envidioso cubría
Cándido cendal su pecho,
¡Ay! yo ví como latia,
Y en mi amoroso despecho
¡Mal haya el cendal! decia.

Mostraba el pié sin cautela,
Y algo mas, la alegre saya;
Y, aunque soy buen centinela,
Aun decia yo: ¡mal haya
Tanta abundancia de tela!

La careta que llevaba
Apenas sus labios rojos
Como al descuido enseñaba,
Y dos rayos en sus ojos
Con que mil almas llagaba.

¡Cuán grato y suave su aliento
Llenaba de aroma el aire,
Mi corazon de contento!
¡Cuál brillaba su donaire
En el menor movimiento!

No se muestra tan lozana
Al despuntar la mañana
La gaya rosa de abril,
Cual mi máscara gentil,
Cual mi fresca valenciana.

¡Qué garbo! ¡qué bizarría!
¡Qué despejo de mozuela!
¡A cuántas sonrojaría
En la huerta de Orihuela,
Y en la plaga de Gandía!

Yo la dije mil amores,
Que no tuvo por agravios,
Porque, grata á mis loores,
Las palabras de sus labios
Fueron otras tantas flores.

La mórbida mano hermosa
Me abandonó generosa;
Yo en las mías la estreché,
Y aun en mi fiebre amorosa
Jurara que la besé.

Despuesto el carton esquivo,
Ví luego en su cara bella
Tan poderoso atractivo,
Que desde entonces sin ella,
Dorila hermosa, no vivo.

Y este iman de mi deseo,
Tesoro de los placeres,
Envidia de las mugeres
Y de los hombres recreo ...
Dorila amable, tú eres.

He aquí mi cuento acabado.
¡Ah! No me muestres ahora
El lindo rostro enojado;
No la que esperaba aurora
Se torne fiero nublado.

Si eres conmigo inhumana,
Si mi esperanza aniquila
Tu tibieza cortesana,
Me quejaré de Dorila
A mi dulce Valenciana.

Otra vez dame la mano,
Y tú verás cuan ufano
El néctar en ella bebo ...
Aunque te cubras de nuevo
Ese rostro soberano.

Niégueme Dorila el sí
Y, pues mi bien solo fundo
En la máscara que ví,
Sé Dorila para el mundo;
Valenciana para mi.

¡Ay! No imites por mi mal,
Pues tu hermosura me hechiza,
Esa costumbre fatal
De convertir en *ceniza*
Las glorias del carnaval;

Y si al fin me has de afligir
Con un *no;* si desdeñado
Decretas verme morir ...,
Haz cuenta que te he contado
Un cuento para dormir.

Manuel Breton de los Herreros.

ANACREÓNTICA.

Acudid, zagalas ...
¡Qué lindo Amor vendo!
Miradle en mi mano,
Por las alas preso. —
¿Es dócil? ... Y niño.
¿Donoso? ... Hechicero.
¿Calladito? ... Mudo.
¿Complaciente? ... Ciego.
¿Alegre? ... Cual mayo.
¿Veloz? ... Como el viento.
¿Y fiel? ... Cual vosotros.
Ya no le queremos.

Martinez de la Rosa.

FÁBULAS.

I.

La Cabra y el Caballo.

Estábase una Cabra muy atenta,
Largo rato escuchando
De un acorde violin el eco blando.
Los piés se la bailaban de contenta;
Y á cierto jaco, que tambien suspenso
Casi olvidaba el pienso,
Dirigió de esta suerte la palabra:
¿No oyes de aquellas cuerdas la harmonía?
Pues sabe que son tripas de una cabra
Que fué en un tiempo compañera mia.
Confio (dicha grande) que algun dia
No menos dulces trinos
Formarán mis sonoros intestinos.
Volvióse el buen Rocín, y respondióla:
A fé que no resuenan esas cuerdas
Sino porque las hieren con las cerdas
Que sufrí me arrancasen de la cola.
Mi dolor me costó, pasé mi susto;
Pero, al fin, tengo el gusto
De ver qué lucimiento
Debe á mi auxilio el músico instrumento.
Tú, que satisfaccion igual esperas,
¿Cuándo la gozarás? Despues que mueras.
Asi, ni mas ni menos, porque en vida
No ha conseguido ver su obra aplaudida
Algun mal escritor, al juicio apela
De la posteridad, y se consuela.

———————

II.

EL ERUDITO Y EL RATON.

En el cuarto de un célebre Erudito
Se hospedaba un Raton, raton maldito,
Que no se alimentaba de otra cosa,
Que de roerle siempre verso y prosa.
  Ni de un gatazo el vigilante celo
Pudo llegarle al pelo,
Ni extrañas invenciones
De varias e ingeniosas ratoneras,
O el rejalgar en dulces confecciones,
Curar lograron su incesante anhelo
De registrar las doctas papeleras,
Y acribillar las páginas enteras.
  Quiso luego la trampa
Que el perseguido autor diese á la estampa
Sus obras de elocuencia y poesia:
Y aquel bicho travieso,
Si antes lo manuscrito le roía,
Mucho mejor roía ya lo impreso.
  ¡Que desgracia la mia!
El literato exclama; ya estoy harto
De escribir para gente roedera;
Y por no verme en esto desde ahora
Papel blanco no mas habrá en mi cuarto.
Yo haré que este desórden se corrija ...
Pero sí: la traidora sabandija,
Tan hecha á malas mañas, igualmente
En el blanco papel hincaba el diente.
  El autor, aburrido,
Echa en la tinta dósis competente
De soliman molido:
Escribe (yo no sé si en prosa ó verso):
Devora, pues, el animal perverso:
Y revienta, por fin ... ¡Feliz receta!
(Dijo entonces el crítico poeta):
Quien tanto roe, mire no le escriba
Con un poco de tinta corrosiva.
  Bien hace quien su crítica modera;
Pero usarla conviene mas severa
Contra censura injusta y ofensiva,
Cuando no hablar con sincero denuedo
Poca razon arguye, ó mucho miedo.

III.

EL AVESTRUZ, EL DROMEDARIO Y LA ZORRA.

Para pasar el tiempo congregada
Un tertulia de animales varios
(Que tambien entre brutos hay tertulias),
Mil especies en ella se tocaron.
Hablóse allí de las diversas prendas
De que cada animal está dotado:
Este á la hormiga alaba, aquel al perro,
Quien á la abeja, quien al papagayo.
No (dijo el Avestruz): en mí dictámen,
No hay mejor animal que el Dromedario.
El Dromedario dijo: yo confieso
Que solo el Avestruz es de mi agrado.
Ninguno adivinó por qué motivo
Ambos tenian gusto tan extraño.
¿Será porque los dos abultan mucho?
¿O por tener los dos los cuellos largos?
¿O porque el Avestruz es algo simple,
Y no muy advertido el Dromedario?
¿O bien porque son feos uno y otro?
¿O porque tienen en el pecho un callo?
¿O puede ser ...? No es nada de eso,
(La Zorra interrumpió): ya dí en el caso.
¿Sabeis por qué motivo el uno al otro
Tanto se alaban? Porque son paisanos.

En efecto, ambos eran berberiscos;
Y no fué juicio, no, tan temerario
El de la Zorra, que no pueda hacerse
Tal vez igual de algunos literatos.

IV.

LA ESPADA Y EL ASADOR.

Sirvió en muchos combates una Espada
Tersa, fina, cortante, bien templada,
La mas famosa que salió de mano
De insigne fabricante toledano.

10*

Fué pasando á poder de varios dueños,
Y airosos los sacó de mil empeños.
Vendióse en almonedas diferentes,
Hasta que por extraños accidentes
Vino, en fin, á parar (¡quien lo diría!)
A un oscuro rincon de una hosteria,
Donde, cual mueble inútil, arrimada,
Se tomaba de orin. Una criada
Por mandado de su amo el posadero,
Que debia de ser gran majadero,
Se la llevó una vez á la cocina:
Atravesó con ella una gallina;
Y héteme un Asador hecho y derecho
La que una Espada fué de honra y provecho.
   Mientras esto pasaba en la posada,
En la córte comprar quiso una espada
Cierto recien llegado forastero
Trasformado de page en caballero.
El espadero, viendo que al presente
Es la espada un adorno solamente,
Y que pasa por buena cualquier hoja,
Siendo de moda el puño que se escoja,
Díjole que volviese al otro dia.
Un Asador que en su cocina habia
Luego desbasta, afila y acicala,
Y por espada de Tomas de Ayala
Al pobre forastero, que no entiende
De semejantes compras, se la vende;
Siendo tan picaron el espadero
Como fué ignoranton el posadero.
   ¿Mas de igual ignorancia ó picardía
Nuestra nacion quejarse no podria
Contra los traductores de dos clases,
Que infestada la tienen con sus frases?
Unos traducen obras celebradas,
Y en asadores vuelven las espadas:
Otros hay que traducen las peores,
Y venden por espadas asadores.

V.

EL NATURALISTA Y LAS LAGARTIJAS.

Vió en una huerta
Dos Lagartijas
Cierto curioso
Naturalista.
Cógelas ambas,
Y á todo prisa
Quiere hacer de ellas
Anatomía.
Ya me ha pillado
La mas rolliza;
Miembro por miembro
Ya me la trincha;
El microscopio
Luego la aplica,
Patas y cola,
Pellejo y tripas,
Ojos y cuello,
Lomo y barriga,
Todo lo aparta
Y lo examina.
Toma la pluma;
De nuevo mira;
Escribe un poco;
Recapacita.
Sus mamotretos
Despues registra;
Vuelve á la propia
Carnicería.
Varios curiosos
De su pandilla
Entran á verle:
Dáles noticia
De lo que observa:
Unos se admiran,
Otros preguntan,
Otros cavilan.
Finalizada
La anatomía,
Cansóse el sabio
De lagartija.
Soltó la otra
Que estaba viva.

Ella se vuelve
A sus rendijas,
En donde, hablando
Con sus vecinas,
Todo el suceso
Las participa.
No hay que dudarlo,
No (las decia):
Con estos ojos
Lo ví yo misma.
Se ha estado el hombre
Todito un dia
Mirando el cuerpo
De nuestra amiga.
¿Y hay quien nos trate
De sabandijas?
¿Cómo se sufre
Tal injusticia,
Cuando tenemos
Cosas tan dignas
De contemplarse
Y andar escritas?
No hay que abatirse,
Noble cuadrilla:
Valemos mucho
Por mas que digan.

¿Y querrán luego
Que no se engrian
Ciertos autores
De obras inicuas?
Los honra mucho
Quien los critica.
No seriamente;
Muy por encima
Deben notarse
Sus tonterías;
Que hacer gran caso
De Lagartijas
Es dar motivo
De que repitan:
Valemos mucho,
Por mas que digan.

VI.

El Sapo y el Mochuelo.

Escondido en el tronco de un árbol
Estaba un Mochuelo;
Y pasando no lejos un Sapo,
Le vió medio cuerpo.
¡Ah de arriba, señor solitario!
Dijo el tal Escuerzo:
Saque usted la cabeza, y veamos
Si es bonito, ó feo.
No presumo de mozo gallardo,
Respondió él de adentro:
Y aun por eso á salir á lo claro
Apenas me atrevo;
Peró usted que de dia su garbo
Nos viene luciendo,
¿No estuviera mejor agachado
En otro agujero?

¡Oh qué pocos autores tomamos
Este buen consejo!
Siempre damos á luz, aunque malo,
Cuanto componemos:
Y tal vez fuera bien sepultarlo;
Pero ¡ay, compañeros!
Mas queremos ser públicos Sapos
Que ocultos Mochuelos.

VII.

La contienda de los Mosquitos.

Diabólica refriega
Dentro de una bodega,
Se trabó entre infinitos
Bebedores Mosquitos.
(Pero extraño una cosa:
Que el buen Villaviciosa
No hiciese en su Mosquea
Mencion de esta pelea).

Era el caso que muchos,
Expertos y machuchos,
Con teson defendían
Que ya no se cogían
Aquellos vinos puros,
Generosos, maduros,
Gustosos y fragrantes
Que se cogían antes.
En sentir de otros varios,
A esta opinion contrarios,
Los vinos excelentes
Eran los mas recientes,
Y del opuesto bando
Se burlaban, culpando
Tales ponderaciones
Como declamaciones
De apasionados jueces,
Amigos de vegeces.
Al agudo zumbido
De uno y otro partido
Se hundía la bodega:
Cuando héteme que llega
Un anciano Mosquito,
Catador muy perito;
Y dice, echando un taco:
Por vida de dios Baco ...
(Entre ellos ya se sabe
Que es juramento grave)
Donde yo estoy, ninguno
Dará mas oportuno
Ni mas fundado voto:
Cese ya el alboroto,
A fé de buen navarro,
Que en tonel, bota ó jarro,
Barril, tinaja, ó cuba
El jugo de la uva
Difícilmente evita
Mi cumplida visita;
Y en esto de catarle,
Distinguirle y juzgarle,
Puedo poner escuela
De Jerez á Tudela,
De Málaga á Peralta,
De Canarias á Malta,
De Oporto á Valdepeñas.
Sabed por estas señas,
Que es un gran desatino

Pensar que todo vino
Que desde su cosecha
Cuenta larga la fecha,
Fué siempre aventajado.
Con el tiempo ha ganado
En bondad: no lo niego;
Pero si él desde luego
Mal vino hubiera sido,
Ya se hubiera torcido:
Y al fin, tambien habia
Lo mismo que en el dia,
En los siglos pasados
Vinos avinagrados.
Al contrario, yo pruebo
A veces vino nuevo,
Que apostarlas pudiera
Al mejor de otra era;
Y si muchos agostos
Pasan por ciertos mostos
De los que hoy se reprueban,
Puede ser, que los beban
Por vinos exquisitos
Los futuros Mosquitos.
Basta ya de pendencia;
Y por final sentencia
El mal vino condeno;
Lo chupo, cuando es bueno,
Y jamás averiguo
Si es moderno ú antiguo.

Mil doctos importunos
Por lo antiguo los unos,
Otros por lo moderno,
Ligan lítígio eterno;
Mi texto favorito
Será siempre el Mosquito.

VIII.

La discordia de los Relojes.

Convidados estaban á un banquete
Diferentes amigos; y uno de ellos.
Que, faltando á la hora señalada,
Llegó despues de todos, pretendia
Disculpar su tardanza. ¿Que disculpa
Nos podrás alegar? le replicaron.
Él sacó su reloj, mostróle y dijo:
"No ven Ustedes como vengo á tiempo?
Las dos en punto son. ¡Que disparate!
Le respondieron: tu Reloj atrasa
Mas de tres cuartos de hora. Pero, amigos,
Exclamaba el tardío convidado:
¿Qué mas puedo yo hacer que dar el texto?
Aquí está mi Reloj ... Note el curioso
Que era este señor mio como algunos
Que un absurdo cometen, y se excusan
Con la primera autoridad que encuentran.
    Pues como iba diciendo de mi cuento,
Todos los circunstantes empezaron
A sacar sus Relojes en apago
De la verdad. Entonces advirtieron,
Que uno tenia el cuarto. otro la media.
Otro las dos y treinta y seis minutos,
Este catorce mas. aquel diez menos.
No hubo dos que conformes estuvieran.
    En fin. todo era dudas y cuestiones.
Pero á la astronomía cabalmente
Era el amo de casa aficionado:
Y consultando luego su infalible,
Arreglado á una exacta meridiana,
Halló que eran las tres y dos minutos,
Con lo cual puso fin á la contienda,
Y concluyó, diciendo: Caballeros,
Si contra la verdad piensan que vale
Citar autoridades y opiniones,
Para todo las hay; mas, por fortuna.
Ellas pueden ser muchas, y ella es una.

IX.

EL GOZQUE Y EL MACHO DE NORIA.

Bien habrá visto el lector
En posteria ó convento,
Un artificioso invento
Pará andar el asador:
Rueda de madera es
Con escalones, y un perro
Metido en aquel encierro
Le da vueltas con las piés.
Parece que cierto Can,
Que la máquina movía,
Empezó á decir un dia:
"Bien trabajo; y ¿que me dan?
¡Como sudo! ¡ay infeliz!
Y al cabo por grande exceso,
Me arrojarán algun hueso
Que sobre de esa perdiz.
Con mucha incomodidad
Aquí la vida se pasa:
Me iré, no solo de casa,
Mas tambien de la ciudad."
Apenas le dieron suelta,
Huyendo con disimulo
Llegó al campo, en donde un mulo
A una noria daba vuelta:
Y no le hubo visto bien,
Cuando dijo: "¿Quien va allá?
Parece que por acá
Asamos carne tambien."
"No aso carne; que agua saco;"
(El macho le respondió):
"Eso tambien lo haré yo,
(Saltó el Can) aunque estoy flaco.
Como esta rueda es mayor
Algo mas trabajaré:
¿Tanto pesa?... Pues ¿y qué?
No ando la de mi asador?
Me habrán de dar, sobre todo,
Mas racion, tendré mas gloria ...
Entonces el de la noria
Le interrumpió de este modo:

"Que se vuelva le aconsejo
Á voltear su asador;
Que esta empresa es superior
Á las fuerzas de un gozquejo."
 ¡Miren el mulo bellaco,
Y qué bien le replicó!
Lo mismo he leido yo
En un tal Horacio Flaco;
 Que á un autor da por gran yerro
Cargar con la que despues
No podrá llevar; este es,
Que no ande la noria el perro.

X.

La Parietaria y el Tomillo.

Yo leí, no sé donde, que en la lengua herbolaria
Saludando al Tomillo la yerba Parietaria,
Con socarronería le dijo de esta suerte:
Dios te guarde, Tomillo, lástima me da verte;
Que aunque mas oloroso que todas estas plantas,
Apenas medio palmo del suelo te levantas.
El responde: querida, chico soy; pero crezco
Sin ayuda de nadie. Ya sí te compadezco;
Pues, por mas que presumas, ni medio palmo puedes
Medrar, si no te arrimas á una de esas paredes.

 Cuando veo yo algunos que de otros escritores
Á la sombra se arriman, y piensan ser autores
Con poner cuatro notas, ó hacer un prologuillo,
Estoy por aplicarles lo que dijo el Tomillo.

XI.

La Rana y el Renacuajo.

En el orilla del Tajo
Hablaba con la Rana el Renacuajo,
Alabando las hojas, la espesura
De un gran cañaveral, y su verdura.

Mas luego que del viento
El ímpetu violento
Una caña abatió, que cayó al rio,
En tono de leccion dijo la Rana:
Ven á verla, hijo mio:
Por de fuera muy tersa, muy lozana;
Por dentro toda fofa, toda vana.

Si la rana entendiera poesia,
Tambien de muchos versos lo diria.

XII.

EL BURRO DEL ACEITERO.

En cierta ocasion un cuero
Lleno de aceite llevaba,
Un borrico que ayudaba
En su oficio un aceitero.
A paso un poco ligero
De noche en su cuadra entraba;
Y de una puerta en la aldaba
Le dió el porrazo mas fiero.
    ¡Ay! clamó: ¿nos es cosa dura
Que tanto aceite acarree,
Y tenga la cuadra oscura?

Me temo, que se mosquee
De este cuento quien procura
Juntar libros que no lee;
    ¿Se mosquea? Bien está
Peró este tal ¿por ventura
Mis fábulas leerá?

FÁBULAS POR FRANCISCO GREGORIO DE SALAS.

I.

El Buey y la Rana.

Una rana sosegada
Vivia entre unos juncales,
Adonde se acercó un buey
Muy manso, pesado y grave.
La rana se estuvo quieta,
Y ajuntaron amistades,
Fiada la rana en su
Mansedumbre inalterable.
Echóse el buey á dormir
Junto á ella; pero el diantre
Hizo que diese una vuelta
Y sin querer la estripase.
Lloraba el buey la desgracia,
Y la rana entre fatales
Agonías, le decia:
Yo agradezco tus pesares,
Pero si acaso no muero,
Tendré presente en mis males,
Que (por muy buenos que sean)
Para evitar estos lances,
Es preciso vivir lejos
De los grandes animales.

II.

Fábula sin fabulacion.

Huia una zorra
De uno burro palomo,
Y no hacia caso
De un crecido toro.
Admirado de ello
La pregunta un lobo:
¿Porque desconfias
De animal tan soso,

Que á nadie acomete,
Y fias del otro,
Que puede matarte
Tan solo de un soplo?
La zorra responde:
Porque ese es un mónstruo
Que no me hace daño
Si no le provoco.
El otro es muy manso,
Yo bien lo conozco,
De genio apacible,
Semblante amoroso,
Sosegado, grave,
Y amable por todo;
Pero él es temible,
Porque él es muy tonto.

III.

El Perro y el Cordero.

Un perro se encontró con un cordero,
Y por su natural sucia costumbre
Le olió por el traverso;
El le suplió con simple mansedumbre,
Pero el perro villano
Se enojó, é inhumano
Al cordero mordió, y el pobre dijó:
¿Porque me muerdes, dí, qué mal te he hecho?
Yo en nada te ofendí, segun colijo,
Y el perro respondió muy satisfecho:
Porque me oliste mal, y me he enfadado;
-Y respondió el cordero desdichado:
Si hueles lo peor, ¿qué culpa tengo?
Por cualquiera otra parte que me olieras,
Me hallarás aseado:
Peró tus mañas fieras,
Como son de morder, lo peor huelen.
¡Cuantos críticos hay que hacerlo suelen!

IV.

El Labrador y el Rio.

Un Rio salió de madre,
Y un labrador muy experto
Le dejó que se extendiese,
En vez de poner remedio.
Reprobaban su descuido
Sus incautos compañeros,
Y el labrador les decia:
Dejadme, que yo me entiendo,
Con la gran inundacion
Se regó todo el terreno,
Y el labrador precavido
Sembró con tino discreto
En la tierra sazonada,
Trigo, cebada y centeno.
Correspondió la cosecha
A medida del deseo;
Y entonces los que lo veían
Decían de asombro llenos:
La prudencia de este hombre
Fué el origen de este acierto,
Pues vemos que en este caso
Sacó del daño provecho.

Iba hacer el fabulario,
Y me·dijo mi tintero:
Déjalo, no es menester,
Pues no hay quien entienda eso.

FÁBULAS DE FÉLIX MARIA SAMANIEGO.

I.

La Aguila y el Cuervo.

A D. TOMÁS DE IRIARTE.

En mis versos, Iriarte,
Ya no quiero mas arte,
Que poner á los tuyos por modelo.
A competir anhelo

Con tu númen, que el sabio mundo admira,
Si me prestas tu lira,
Aquella en que tocaron dulcemente
Música y poesia juntamente.
Esto no puede ser: ordena Apolo,
Que digno solo tú, la pulses solo,
¿Y porqué solo tú? pues cuando menos
¿No he de hacer versos fáciles, amenos,
Sin ambicioso ornato?
¿Gastas otro poético aparato?
Si tú sobre el Parnaso te empinases,
Y desde allí cantases,
Risco tramonto de época altanera,
Góngora que te siga, te dijera.
Pero si vas marchando por el llano,
Cantándonos en verso castellano
Cosas claras, sencillas, naturales:
Y todas ellas tales,
Que aun aquel que no entiende poesia,
Dice: *eso yo tambien me lo diria*;
¿Porqué no he de imitarte, y aun acaso
Antes que tú trepar por el Parnaso?
No imploras las Sirenas, ni las Musas:
Ni de númenes usas:
Ni aun siquiera confias en Apolo.
A la naturaleza imploras solo;
Y ella sabia te dicta sus verdades;
Y por mejor consejo,
Sea mi sacro númen cierto viejo;
Esopo digo. Dictame, machucho,
Una de tus patrañas, que te escucho.

Una Aguila rapante,
Con vista perspicaz, rápido vuelo,
Descendiendo veloz de junto al cielo,
Arrebató un cordero en un instante.
Quiere un Cuervo imitarle: de un carnero
En el vellon sus uñas hacen presa:
Queda enredado entre la lana espesa,
Como pájaro en liga prisionero.
Hacen de él los pastores vil juguete,
Para castigo de su intento necio.
Bien merece la burla y el desprecio
El Cuervo, que á ser Aguila se mete.

El viejo me ha dictado esta patraña,
Y astutamente asi me desengaña:

Esa facilidad, esa destreza,
Con que arrebató el Aguila su pieza,
Fué la que engañó al Cuervo, pues creia
Que otro tanto á lo menos él haria.
¿Mas qué logró? Servirme de escarmiento;
¡Ojalá que sirviese á mas de ciento
Poetas de mal gusto inficionados!
Y digesen, cual yo, desengañados:
El Aguila eres tú, divino Iriarte,
Ya no pretendo mas sino admirarte:
Sea tuyo el laurel, tuya la gloria;
Y no sea yo el cuervo de la historia.

II.

EL LEON VENCIDO POR EL HOMBRE.

Cierto artífice pintó
Una lucha, en que valiente
Un hombre tan solamente
A un horrible Leon venció.
Otro Leon, que el cuadro vió,
Sin preguntar por su autor,
En tono despreciador
Dijo: Bien se deja ver,
Que es pintar como querer,
Y no fué Leon el pintor.

III.

EL LABRADOR Y LA CIGÜEÑA.

Un Labrador miraba
Con duelo su sembrado,
Porque gansos y grullas
De su trigo solían hacer pasto.
Armó sin mas tardanza
Diestramente sus lazos,

Y cayeron en ellos
La Cigüeña, las grullas y los gansos.
Señor rústico, dijo
La Cigüeña temblando,
Quíteme las prisiones,
Pues no merezco pena de culpados:
La diosa Céres sabe,
Que léjos de hacer daño,
Limpio de sabandijas,
De culebras y víboras los campos.
Nada me satisface,
Respondió el hombre airado:
Te hallé con delincuentes,
Con ellos morirás entre mis manos.

La inocente Cigüeña
Tuvo el fin desgraciado,
Que pueden prometerse
Los buenos que se juntan con los malos.

IV.

La Cigarra y la Hormiga.

Cantando la Cigarra
Pasó el verano entero,
Sin hacer provisiones
Allá para el invierno:
Los frios la obligaron
A guardar el silencio,
Y á acogerse al abrigo
De su estrecho aposento.
Vióse desproveída
Del preciso sustento,
Sin mosca, sin gusano,
Sin trigo, sin centeno.
Habitaba la Hormiga
Allí tabique en medio,
Y con mil expresiones
De atencion y respeto,
La dijo: "Doña Hormiga,
Pues que en vuestros graneros

Sobran las provisiones
Para vuestro alimento,
Prestad alguna cosa
Con que viva este invierno
Esta triste Cigarra,
Que alegre en otro tiempo
Nunca conoció el daño,
Nunca supo temerlo.
No dudeis en prestarme;
Que fielmente prometo
Pagáros con ganancias
Por el nombre que tengo.
La codiciosa Hormiga
Respondió con denuedo,
Ocultando á la espalda
Las llaves del granero:
"¡Yo prestar lo que gano,
Con un trabajo inmenso!
Dime, pues, holgazana,
¿Que has hecho en el buen tiempo?"
"Yo, dijo la Cigarra,
A todo pasagero
Cantaba alegremente,
Sin cesar ni un momento."
"¡Ola! ¿con que cantabas,
Cuando yo andaba al remo?
Pues ahora que yo como,
Baila, pese á tu cuerpo."

V.

El Muchacho y la Fortuna

A la orilla de un pozo
Sobre la fresca yerba
Un incauto Mancebo
Dormia á pierna suelta.
Gritóle la Fortuna:
Insensato, despierta,
¿No ves que ahogarte puedes
A poco que te muevas?
Por tí y otros canallas,

A veces me motejan
Los unos de inconstante,
Y los otros de adversa.
Reveses de Fortuna
Llamais á las miserias:
¿Porqué, si son reveses
De la conducta necia?

VI.

El Raposo y el Lobo.

Un triste Raposo
Por medio del llano
Marchaba sin piernas,
Cual otro soldado,
Que perdió las suyas
Allá en Campo Santo.
Un Lobo le dijo:
Ola, buen hermano,
Diga ¿en qué refriega
Quedó tan lisiado?
¡Ay de mí! responde,
Un maldito rastro
Me llevó á una trampa,
Donde por milagro,
Dejando una pierna,
Salí con trabajo.
Despues de algun tiempo
Iba yo cazando,
Y en la trampa misma
Dejé pierna y rabo.
El lobo le dice:
Creíble es el caso.
Yo estoy tuerto, cojo,
Y desorejado
Por ciertos mastines,
Guardas de un rebaño.
Soy de estas montañas
El Lobo decano;
Y como conozco
Las mañas de entrambos,

Temo que acabemos,
No digo enmendados,
Sino tú en la trampa,
Y yo en el rebaño.

¡Que el ciego apetito
Pueda arrastrar tanto!
A los brutos pase;
¡Peró á los humanos!

— — — ·

VII.

El Gato y el Cazador.

Cierto Gato en poblado descontento,
Por mejorar sin duda de destino,
(Que no seria Gato de convento)
Pasó de ciudadano á campesino;
Metióse santamente
Dentro de una cobacha, mas no lejos
De un gran soto poblado de conejos.
Considere el lector piadosamente
Si el noble ermitaño
Probaría la yerba en todo el año.
Lo mejor de la caza devoraba,
Haciendo mil excesos;
Mas al fin por el rastro que dejaba
De plumas y de huesos,
Un cazador lo advierte: le persigue:
Arma trampas y redes con tal maña,
Que al instante consigue
Atrapar la carnívora alimaña.
Llégase el Cazador al prisionero:
Quierle darla la muerte:
El animal le dice: Caballero,
Duélase de la suerte
De un triste pobrecito,
Metido en la prision y sin delito. —
¿Sin delito me dices,
Cuando sé que tus uñas y tus dientes
Devoran infinitos inocentes? —
Y yo no hacia mas, á fé de Gato,
Que lo que ustedes hacen en el plato. —

Ea, pícaro, muere,
Que tu mala razon no satisface.

Con que sea la cosa que se fuere
¿La podrá usted hacer si otro la hace?

VIII.

EL RUISEÑOR Y EL MOCHUELO.

Una noche de Mayo,
Dentro de un bosque espeso,
Donde segun reinaba
La triste oscuridad con el silencio,
Parece que tenia
Su habitacion Morfeo:
Cuando todo viviente
Disfrutaba del dulce y blando sueño,
Pendiente de una rama
Un Ruiseñor parlero
Empezó con sus ayes,
A publicar sus dolorosos zelos.
Despues de mil querellas,
Que llegaron al cielo,
A contar empezaba
La antigua historia del infiel Tereo,
Cuando, sin saber como,
Un razador Mochuelo
Al músico arrebata
Entre las corvas uñas prisionero.
Jamas Pan con la flauta
Igualó sus gorgeos,
Ni resonó tan grata
La dulce lira del divino Orfeo:
No obstante, cuando daba
Sus últimos lamentos,
Los vecinos del bosque
Aplaudían su muerte: yo lo creo.
Si con sus serenatas
El mismo *Farinelo*
Viniese á despertarme,
Mientras que yo dormia en blando lecho,
En lugar de los *bravos*,

Diría: Caballero,
¡Qué no viniese ahora
Para tal Ruiseñor algun Mochuelo!

Clori tiene mil gracias.
¿Y qué logra con eso?
Hacerse fastidiosa
Por no querer usarlas á su tiempo.

IX.

El Lobo y el Mastin.

Trampas, redes y perros
Los celosos pastores disponían
En lo oculto del bosque y de los cerros,
Porque matar querian
A un Lobo por el bárbaro delito
De no dejar á vida ni un cabrito.
Hallóse cara á cara
Un Mastin con el Lobo de repente:
Y cada cual se pára,
Tal como en Zama estaban frente á frente
Antes de la batalla muy serenos
Anibal y Scipion: ni mas ni menos.
En esta suspension treguas propone
El Lobo á su enemigo.
El Mastín no se opone;
Antes le dice: Amigo,
Es cosa bien extraña por mi vida
Meterse un señor Lobo á cabricida
Ese cuerpo brioso
Y de pujanza fuerte,
Que mate al jabalí, que venza al oso.
¿Mas qué dirán al verte
Que lo valiente y fiero
Empleas en la sangre de un cordero?
El Lobo le responde: Camarada,
Tienes mucha razon: en adelante
Propongo no comer sino ensalada.
Se despiden, y toman el portante.
Informados del hecho
Los pastores se apuran y patean:

Agarran al Mastin y le apalean.
Digo que fué bien hecho;
Pues en vez de ensalada en aquel año
Se fué comiendo el Lobo su rebaño.
　¿Con una reprension, con un consejo,
Se pretende quitar un vicio añejo?

X.

El Perro y el Cocodrilo.

　Bebiendo un perro en el Nilo
Al mismo tiempo corria:
"¡Bebe quieto!" le decía
Un taimado cocodrilo.
　Díjole el perro prudente:
Dañoso es beber y andar;
¿Peró es sano el aguardar
A que me claves el diente?

　¡Oh qué docto perro viejo!
Yo venero su sentir
En esto de no seguir
Del enemigo el consejo.

XI.

El Pastor.

　Salicio usaba tañer
La zampoña todo el año,
Y por oírle el rebaño
Se olvidaba de pacer.

　Mejor sería romper
La zampoña al tal Salicio:
Porque si causa perjuicio

En lugar de utilidad,
La mayor habilidad
En vez de virtud es vicio.

XII.

El Herrero y el Perro.

Un Herrero tenia
Un Perro que no hacía
Sino comer, dormir y estarse echado:
De la casa jamás tuvo cuidado;
Levantábase solo á mesa puesta,
Entonces con gran fiesta
Al dueño se acercaba,
Con perrunas caricias lo halagaba,
Mostrando de cariño mil excesos
Por pillar las piltradas y los huesos:
He llegado á notar, le dijo el amo,
Que, aunque nunca te llamo
A la mesa, te llegas prontamente,
En la fragua jamás te ví presente;
Y yo me maravillo,
De que no dispertándote el martillo,
Te desveles al ruido de mis dientes.
Anda, anda, poltron, no es bien que cuentes,
Que el amo hecho un gañan, y sin reposo,
Te mantiene á lo conde muy ocioso.
El Perro le responde:
¿Qué mas tiene que yo cualquiera conde?
Para no trabajar, debo al destino
Haber nacido Perro, y no pollino.
Pues, señor conde: fuera de mi casa,
Verás en las demás lo que te pasa.
En efecto salió á probar fortuna,
Y las casas anduvo de una en una:
Allí le hacen servir de centinela,
Y que pase la noche toda en vela;
Acá de lazarillo y de danzante;
Allá dentro de un torno á cada instante
Asa la carne que comer no espera.
Al cabo conoció de esta manera,
·Que el destino, y no es cuento,
A todos nos cargó como al jumento.

XIII.

El Leopardo y las Monas.

No á pares, á docenas encontraba
Las Monas en Tetuan, cuando cazaba
Un Leopardo: apenas lo veían
A los árboles todas se subian,
Quedando del contrario tan seguras,
Que pudiera decir: no estan maduras.
El cazador astuto se hace el muerto
Tan vivamente, que parece cierto.
Hasta las viejas Monas
Alegres en el caso, y juguetonas
Empiezan á saltar; la mas osada
Baja; arrimase al muerto de callado;
Mira, huele, y aun tienta,
Y grita muy contenta:
Llegad, que muerto está de todo punto,
Tanto que empieza á oler el tal difunto.
Bajan todas con bulla y algazara:
Ya le tocan la cara,
Y le saltan encima,
Aquella se le arrima,
Y haciendo mimos á su lado queda:
Otra se finge muerta, y lo remeda.
Mas luego que las siente fatigadas
De correr, de saltar, y hacer monadas
Levántase ligero,
Y mas que nunca fiero,
Pilla, mata, devora, de manera
Que parecia la sangrienta fiera,
Cubriendo con los muertos la campaña,
Al Cid matando moros en España.

Es el peor enemigo el que aparenta
No poder causar daño; porque intenta,
Inspirando confianza,
Asegurar su golpe de venganza.

XIV.

El Aguila, la Gata y la Jabalina.

Una Aguila anidó sobre una encina.
Al pié criaba cierta Jabalina;
Y era un hueco del tronco corpulento
De una Gata y sus crias aposento.
Esta gran marrullera
Sube al nido del Aguila altanera,
Y con fingidas lágrimas la dice:
¡Ay mísera de mí! ¡Ay infelice!
Este sí es trabajo.
La vecina que habita el cuarto bajo
Cómo tú misma ves, el dia pasa
Hozando los cimientos de la casa.
La arruinará; y en viendo la traidora
Por tierra á nuestros hijos los devora.
Despues que dejó el Aguila asustada,
A la cueva se baja de callada,
Y dice á la Cerdosa: Buena amiga,
Has de saber que la Aguila enemiga,
Cuando saques tus crias hácia el monte,
Las ha de devorar; asi disponte.
La Gata aparentando que temia
Se retiró á su cuarto, y no salia
Sino de noche que con maña astuta
Abastecia su pequeña gruta.
La Jabalina con tan triste nueva
No salió de su cueva.
La Aguila en el ramage temerosa
Haciendo centinela no reposa.
En fin á ambas familias la hambre mata;
Y de ellas hizo víveres la Gata.

Jóvenes, ojo alerta, gran cuidado;
Que un chismoso en amigo disfrazado,
Con capa de amistad cubre sus trazas,
Y asi causan el mal sus añagazas.

XV.

Júpiter y la Tortuga.

A las bodas de Júpiter estaban
Todos los animales convidados:
Unos y otros llegaban
A la fiesta nupcial apresurados.
No faltaba á tan grande concurrencia
Ni aun la reptil, y mas lejana oruga,
Cuando llega muy tarde, y con paciencia,
A paso perezoso la Tortuga:
Su tardanza reprende el dios airado,
Y ella le respondió sencillamente:
Si es mi casita mi retiro amado,
¿Como podré dejarla prontamente?
Por tal disculpa Júpiter tonante
Olvidando el indulto de las fiestas,
La ley del caracol le echó al instante,
Que es andar con la casa siempre á cuestas.

Gentes machuchas hay que hacen alarde
De que aman su retiro con exceso;
Pero á su obligacion acuden tarde:
Viven como el raton dentro del queso.

XVI.

El Charlatan.

Si cualquiera de ustedes
Se da por las paredes,
O arroja de un tejado,
Y queda á buen librar descostillado,
Yo me reiré muy bien: importa un pito,
Como tenga mi bálsamo exquisito.
Con esta relacion un chacharero
Gana mucha opinion, y mas dinero;
Pues el vulgo pendiente de sus labios
Mas quiere á un Charlatan, que á veinte sabios.
Por esta conveniencia
Los hay el dia de hoy en toda ciencia,

Que ocupan igualmente acreditados
Cátedras, academias y tablados.
Prueba de esta verdad será un famoso
Doctor en elocuencia; tan copioso
En charlatanería,
Que ofreció enseñaría
A hablar discreto con facundo pico
En diez años de término á un Borrico.
Sábelo el rey: lo llama; y al momento
Le manda dé lecciones á un jumento;
Pero bien entendido,
Que seria, cumpliendo lo ofrecido,
Ricamente premiado,
Mas cuando no, que moriria ahorcado.
El doctor asegura nuevamente
Sacar un orador asno elocuente.
Dícele callandito un cortesano:
Escuche, buen hermano,
Su frescura me espanta;
A cáñamo me huele su garganta.
No temais, señor mio,
Respondió el Charlatan, pues yo me rio.
¿En diez años de plazo que tenemos
El rey, el asno, ó yo nos moriremos?

Nadie encuentra embarazo
En dar un largo plazo
A importantes negocios; mas no advierte,
Que ajusta mal su cuenta sin la muerte.

XVII.

Las dos Ranas.

Tenían dos Ranas
Sus pastos vecinos:
Una en un estanque,
Otra en un camino.
Cierto dia á esta
Aquella le dijo:
¡Es creíble, amiga,
De tu mucho juicio,
Que vivas contenta

Entre los peligros,
Donde te amenazan,
Al paso preciso,
Los piés, y las ruedas,
Riesgos infinitos!
Deja tal vivienda:
Muda de destino:
Sigue mi dictámen,
Y vente conmigo.
En tono de mofa,
Haciendo mil mimos,
Respondió á su amiga:
¡Excelente aviso!
¡A mí novedades!
Vaya ¡qué delirio!
Eso sí que fuera
Darme el diablo ruido.
¡Yo dejar la casa,
Que fué domicilio
De padres, abuelos,
Y todos los mios,
Sin que haya memoria
De haber sucedido
La menor disgracia
Desde luengos siglos!
Allá te compongas;
Mas ten entendido,
Que tal vez sucede
Lo que no se ha visto:
Llegó una carreta
A este tiempo mismo,
Y á la triste Rana
Tortilla la hizo.

Por hombres de seso
Muchos hay tenidos,
Que á nuevas razones
Cierran los oidos.
Recibir consejos
Es un desvario.
La ráncia costumbre
Suele ser su libro.

XVIII.

El Hombre y la Pulga.

Oye, Júpiter sumo, mis querellas,
Y haz, disparando rayos y centellas,
Que muera este animal vil y tirano,
Plaga fatal por el linage humano;
Y si vos no lo haceis, Hércules sea
Quien acabe con él, y su ralea.
Este es un Hombre que á los dioses clama,
Porque una Pulga le picó en la cama;
Y es justo, ya que el pobre se fatiga,
Que de Júpiter y Hércules consiga,
De este, qui viva despulgando sayos,
De aquel, matando pulgas con sus rayos.

Tenemos en el cielo los mortales
Recurso en las desdichas y los males;
Mas se suele abusar frecuentemente,
Por lograr un antojo impertinente.

XIX.

El Charlatan y el Rústico.

Lo que jamás se ha visto ni se ha oído
Verán ustedes: atencion les pido.
Así decía un Charlatan famoso,
Cercado de un concurso numeroso.
En efecto: quedando todo el mundo
En silencio profundo,
Remedó á un cochinillo de tal modo,
Que el auditorio todo
Creyendo que lo tiene, y que lo tapa,
Atumultuado grita: *fuera capa*.
Descubrióse; y al ver que nada habia,
Con vitores lo aclaman á porfía.
Pardiez, dijo un Patan, que yo prometo
Para mañana, hablando con respeto,
Hacer el puerco mas perfectamente;
Sino, que me lo claven en la frente.

Con risa prometió la concurrencia
A burlarse del Payo su asistencia.
Llegó la hora: todos acudieron:
No bien al Charlatan gruñir oyeron
Gentes á su favor preocupadas,
Viva, dicen, al son de las palmadas.
Sube despues el Rústico al tablado
Con un bulto en la capa; y embozado
Imita al Charlatan en la postura
De fingir que un lechon tapar procura;
Mas estaba la gracia, en que era el bulto
Un marranillo que tenia oculto.
Tírale callandito de la oreja:
Gruñendo en tiple, el animal se queja;
Pero al creer que es remedo el tal gruñido,
Aquí se sea un fuera, alli un silbido,
Y todo el mundo queda
En que es el otro quien mejor remeda.
El Rústico descubre su marrano:
Al público lo enseña, y dice ufano:
¿Asi juzgan ustedes?
¡O preocupacion, y cuánto puedes!

———

XX.

El Asno y Júpiter.

No sé como hay jumento,
Que teniendo un adarme de talento,
Quiera meterse á burro de hortelano.
Llevo á la plaza desde muy temprano
Cada dia cien cargas de verdura:
Vuelvo con otras tantas de basura,
Y para minuar mi pesadumbre,
Un criado me azota por costumbre.
Mi vida es esta, ¿que será mi muerte,
Como no mude Júpiter mi suerte?
Un Asno de este modo se quejaba.
El dios, que sus lamentos escuchaba,
Al dominio lo entrega de un tejero.
Esta vida, decía, no la quiero:
Del peso de las tejas oprimido,

Bien azotado; pero mal comido,
A Júpiter me voy, con el empeño
De lograr nuevo dueño.
Enviólo á un curtidor; entonces dice:
Aun con este amo soy mas infelice;
Cargado de pellejas de difunto
Me hace correr sin sosegar un punto,
Para matarme sin llegar á viejo,
Y curtir al instante mi pellejo.
Júpiter, por no oir tan largas quejas,
Se tapó lindamente las orejas;
Y á nadie escucha desde el tal Pollino,
Si le habla de mudanza de destino.

Solo en verso se encuentran los dichosos,
Que viven ni envidiados, ni envidiosos;
La espada por feliz tiene al arado,
Como el remo á la pluma y al cayado;
Mas se tienen por míseros en suma
Remo, espada, cayado, esteva y pluma.
¿Pues á qué estado el hombre llama bueno?
Al propio nunca; pero sí al ageno.

XXI.

El Asno cargado de Reliquias.

De Reliquias cargado
Un Asno recibia adoraciones,
Como si á él se hubiesen consagrado,
Reverencias, inciensos y oraciones.
En lo vano, lo grave, y lo severo
Que se manifestaba
Hubo quien conoció que se engañaba,
Y le dijo: Yo infiero
De vuestra vanidad vuestra locura;
El reverente culto que procura
Tributar cada cual este momento,
No es dirigido á vos, señor Jumento,
Que solo va en honor, aunque lo sientas,
De la sagrada carga que sustentas.

Cuando un hombre sin mérito estuviere
En elevado empleo, ó gran riqueza,
Y se ensoberbeciere,
Porque todos le bajan la cabeza;
Para que su locura no prosiga,
Tema encontrar tal vez con quien le diga:
Señor jumento, no se engria tanto,
Que si besan la peana, es por el santo.

XXII.

La Moda.

Despues de haber corrido
Cierto danzante mono
Por cantones y plazas,
De ciudad en ciudad el mundo todo,
Logró (dice la historia
Aunque no cuenta el como)
Volverse libremente
A los campos del Africa orgulloso.
Los monos al viagero
Reciben con mas gozo
Que á Pedro el Czar los Rusos,
Que los Griegos á Ulises generoso.
De leyes, de costumbres
Ni él habló, ni algun otro
Le preguntó palabra;
Pero de trájes y de Modas todos.
En cierta gerigonza,
Con extrangero tono,
Les hizo un *gran detalle*
De lo mas *remarcable á los curiosos.*
Empecemos (decian)
Aunque sé por poco.
Hiciéronse zapatos
Con cáscaros de nueces por lo pronto.
Toda la raza mona
Andaba con sus choclos,
Y el no traerlos era
Faltar á la decencia y al decoro.
Un leopardo hambriento

Trepa por los monos:
Ellos huir intentan
A salvarse en los árboles del soto.
Las chinelas lo estorban,
Y de muy fácil modo
Aquí y alli mataba,
Haciendo á su placer dos mil destrozos.
En Tetuan desde entonces
Manda el senado docto
Que cualquier uso ó moda
De paises cercanos ó remotos,
Antes que llegue el caso
De adoptarse en el propio,
Haya de examinarse
En junta de políticos á fondo.

   Con tan justo decreto,
Y el suceso horroroso
¿Dejaron tales Modas?
Primero dejarían de ser monos.

XXIII.

La Leona y el Oso.

   Dentro de un bosque oscuro y silencioso,
Con un rugir contínuo y espantoso,
Que en medio de la noche resonaba,
Una Leona á las fieras inquietaba.
Dícela un Oso: Escúchame una cosa:
¿Que tragedia horrorosa,
Ó que sangrienta guerra,
Qué rayos, ó qué plagas á la tierra
Anuncia tu clamor desesperado
En el nombre de Júpiter airado?
¡Ah! mayor causa tienen mis rugidos.
Yo la mas infeliz de los nacidos
¿Como no moriré desesperada,
Si me han robado el hijo? ¡ay desdichada!
¡Ola! ¿con qué eso es todo?
Pues si se lamentasen de ese modo
Las madres de los muchos que devoras,
Buena música hubiera á todas horas.

Vaya, vaya, consuélate como ellas;
No nos quiten el sueño tus querellas.

A desdichas y males
Vivimos condenados los mortales.
A cada cual no obstante le parece
Que de esta ley una excepcion merece:
Asi nos conformamos con la pena,
No cuando es propia, sí cuando es agena.

XXIV.

Los Gatos escrupulosos.

¡Qué dolor, por un descuido
Micifuf y Zapirou
Se comieron un capon,
En un asador metido.
Despues de haberse lamido,
Trataron en conferencia
Si obrarían con prudencia,
En comerse el asador.
¿Le comieron? No, señor;
Era caso de conciencia.

FÁBULAS DE JOSÉ JOAQUIN DE MORA.

I.

El Gato.

La fidedigna historia de los gatos
Escrita por algunos literatos
Del imperio gatuno,
Al libro veintiúno,
Pagina ciento y cuatro, folio verso,
Habla de un tal Fufú, gato perverso,

De quien cuentan horrores
Aquellos escritores:
Diz que en una alacena
De comestibles llena,
Estuvo cuatro dias encerrado
Y no probó bocado,
Alegando que todo era exquisito;
Pero comer lo ageno gran delito.
Mil veces lo azotaron las criadas,
Y mantuvo las uñas bien guardadas;
Con inmundo pebete
No perfumó jamas sala ó retrete,
Y ¡*mirabile dictu*! ¡caso estraño!
Ningun chiquillo recibió su araño.
Hay mas: á los ratones que cogía
Libertad concedia,
Diciéndoles: Perdonen el mal rato.

¡Y á tan benigno gato
(Dirá el lector) acusan los autores!
Lo acusan; sí señores:
Porque con celebrar rasgos tan bellos,
Se condenaban ellos.

II.

LA GATA Y LOS GATOS.

Aquella Zapaquilda melindrosa
Que fué en la gatomaquia tan famosa,
Gata no menos bella que liviana,
Que desde el relucir de la mañana,
De tejado en tejado discurriendo,
Alborotaba el barrio con su estruendo,
Por fruto de sus varios pecadillos,
Dió á luz, ni mas ni menos, tres gatillos.
En un desvan oscuro se establece,
Y aunque carga enojosa le parece
La sujecion al maternal empleo,
Por esta vez el criminal deseo
Cedió el paso al deber; pero no tanto
Que no escuchase con secreto encanto

De Chiflaratas y Arañou los gritos.
¡Eran los dos galanes tan bonitos!
Ocho dias enteros (no fué poco),
Pudo vencer aquel capricho loco:
Pero la carne es débil, ya se sabe.
Al nono dia con su voz suave
La llamó Chiflaratas desde lejos:
¿Azote de ratones y conejos,
Lucero de rincones y guardillas,
Orígen inmortal de mil rencillas,
Ven á premiar á un gato que te adora. ·
No hay quien tanto resista. La señora,
Olvidando su prole desvalida,
Sálese á picos pardos muy lamida.
Corre toda la noche por las tejas,
Araña á diez amantes las orejas,
(Blandas caricias del amor gatuno)
Y cuando el resplandor inoportuno
Del nuevo dia pareció en oriente,
Tórnase á su desvan, muy diligente.
¿Que halló en él? ¿Los gatillos? Ni señales.
A Refunfuño y tres de sus iguales
Sirvieron por la noche de merienda.
    ¿Qué, hay madre que á sus hijos desatienda
Por un vano placer? — Si señor mio;
Entre el rumor del baile y del gentío.
¿No veis aquella ninfa perfumada,
De melífluos Adonis cortejada,
Que consagra las noches del enero
A la banca, y al ponche y al bolero?
— ¡La del albo candor y blanda risa!
— Esa. Tres hijos tiene y sin camisa.

III.

EL GATO LEGISTA.

Primer año de leyes estudiaba
    Micifuf, y aspiraba,
    Con todos sus conatos,
A ser oidor del crimen de los gatos.
Estudiando una noche en las Partidas,
Halló aquellas palabras tan sabidas:

"Judgador non semeye á las garduñas,
Ca manso et non de furtos es su oficio,
  Et faga el sacrificio
  De cortarse las uñas."
¡Sin uñas! dijo el gato: bueno es esto,
Mas me sirven las uñas que el Digesto.

  Váyanse con lecciones
Al que nació con malas intenciones.

IV.

EL MILANO Y EL PALOMO.

Suelen tener los malos el capricho
  De apoyar con pretextos
  Sus designios funestos:
Un célebre filósofo lo ha dicho.

  Echándole las uñas un milano
A un infeliz palomo, le decia:
  "Ya de tu raza impía
En tí se venga Jove por mi mano."
"Si hay un Dios vengador," dice el palomo...
"Si hay un Dios! ... ¿y lo dudas? ¡Cielos! ¿Cómo?
  ¡Sobre tanto delito
Blasfemo eres tambien! Muere, maldito!"

V.

LA CARAVANA.

  Atravesaba el hórrido desierto
La rica y numerosa caravana
Que á la santa ciudad se dirigia.
Por entre nubes de impalpable arena,
Los fervorosos musulmanes iban
La piedad implorando del Profeta,

Sordo esta vez á la plegaria humilde.
La sed, la horrible sed los devoraba,
Y el implacable Febo, desplomando
La bóveda de fuego, miles muertes
A la creyente multitud envia.
En tanto un jóven sonriendo exclama:
"¡O milagro de Alá! ¿No ven mis ojos
Cubrirse el cielo de apacibles nubes,
Y la tierra de pinos magestuosos,
Y de césped humilde? Ya resuenan
El murmurar del arroyuelo blando,
Y el canto de las aves, y la trisca
Del húmedo Favonio. ¡Cuál se goza
Mi enardecido labio en la corriente!
Dejadme, amigos, solazar en ella,
Y sus linfas purísimas refresquen
Mis tostadas mejillas. — Buen hermano
(Los otros musulmanes lo decian),
¿Que error te ciega? ¿O cedes por ventura
Al extremo dolor? — Turba insensata
(Esto les dijo un árabe), del jóven
Respetad el delirio. No es bien hecho
Desbaratar una ilusion suave
Que abrevia el padecer. Dejad que goce
Allá en su fantasía las venturas
Que nos niega el destino, y un instante
En su inocente error felice sea."

La vida es un desierto. Ya se sabe.
En pasarlo sin pena está el busilis.

VI.

LA GATA Y EL PUERCO.

Cuando un pobre doctor se desgañita
En discusion profunda y erudita
   Ante el concurso necio,
Pregunto ¿qué ha ganado? — Su desprecio.
Desarraigar de la tenaz mollera
   La ignorancia grosera,
   Es obra de romanos,

Y todos los esfuerzos serán vanos,
Si costumbre y error van de pareja.
Al caso, una conseja.

No léjos de un Marrano,
Bestia de gran pachorra,
Que pasaba su vida
Tendido en un fangal á la bartola;
Estaba doña Gata
Muy hueca y muy oronda,
Limpiando con la lengua
Su blanda mano y la flexible cola.
Y al Marrano le dice:
¿Puerco, no te abochornas
Al mirarte tan sucio
Que á todos los vivientes incomodas?
Mira: enseñarte quiero
De qué modo se logra
En muy pocos minutos
Disipar esas manchas asquerosas.
Haz como yo: primero
Abriendo bien la boca
Saca un palmo de lengua,
Que tiene de servir de peine y brocha.
El otro la interrumpe:
"Grandísima habladora,
Anda, vete á paseo
Con todos tus consejos y parola.
¿Lo sucio te disgusta?
Pues á mi me acomoda;
Púlete cuanto quieras,
Y no me vengas á romper la chola."

VII.

La Zorra y el Gato.

Un gato y una zorra
Que vivian de gorra,
Frecuentando alacenas y rediles
Con mil trazas sutiles,
Dejar quisieron tan odioso vicio
Y buscar un oficio

Con qué ganar la vida honradamente.
    El plan era excelente
    Y moral el asunto:
Pero ¿y la ejecucion? ese es el punto.
    Metióse Micifuf á cirujano,
Por ser de firme pulso y ágil mano,
    Y la zorra á partera,
Por sentirse inclinada á la carrera;
Conviniendo en que en todas circunstancias
    Partirían ganancias.
Estrenóse el doctor Carilamido
    Con un capon herido,
    Por cierto enorme gallo
Que no quiso sufrirlo en su serrallo.
    Al registrarlo el gato,
    Sintiendo en el olfato
    Ciertas emanaciones
    Que exhalan los capones,
Su profesion olvida, y sin tardanza
    Lo sepultó en la panza.
    La matrona, novicia
    En el arte obstetricia,
    Creyó muy conveniente
    Echarle garra y diente
A una cabra que vino dando gritos.
Item mas: se engulló los dos cabritos.

    Si cuentan de un malvado
    Que ya es un hombre honrado,
    Yo digo: enhorabuena,
Mas la noticia pide cuarentena.

VIII.

El Elefante y la Zorra.

    A predicar se puso
    Con reverenda sorna
    Cierto Elefante viejo
    Orador de gran nota.
    Era la concurrencia
    Lucida y numerosa.
    Cuando el texto hubo dicho,

Comenzó de esta forma:
"¿Que ignorancia es la vuestra,
Gente estúpida y loca,
En seguir obstinados
Vuestras mañas viciosas?
¿No habrá alguno que imite
Los talentos que adornan
Al felíz elefante,
Entre las bestias todas?
¿No habrá alguno que arranque
Las encinas añosas,
Sus troncos abatiendo,
Cual débil amapola?
Rival del hombre mismo,
El elefante toma
En el árbol el fruto
Y lo lleva á la boca.
Si un feroz enemigo
Nos insulta en mal hora,
Mil nudos enroscados
Lo estrechan y lo ahogan.
Estólida caterva,
Imitad nuestras obras,
Si deseo de fama
Vuestros pechos devora."
"Todo eso es excelente,"
Gritó una astuta Zorra,
Que impaciente escuchaba
Tanta alabanza propia.
"Mas sepa. señor mio,
Que nos falta una cosa,
Para imitar su ejemplo."
— "¿Y qué os falta?" — "La trompa."

IX.

El Sermon.

La moral es tan vieja como el mundo,
Aunque otros dicen que nació en Egipto,
Muchos años despues de Adan y Eva;
Yo tan grave disputa no decido.

Solo sé que es muy vieja, y que se pierden
Sin sacar fruto alguno sus avisos.
— ¡Un fabulista mas! dirá enfadado
Don Público. — Paciencia, señor mio.
Si usted quiere que no lo molestemos,
Enmiende sus añejos defectillos.

De igual modo pensaba cierto Cura,
Hombre severo y grave, mas sencillo,
Que atacaba con pelos y señales,
Al vicioso tambien, no solo al vicio.
"Feligreses tenaces y rebeldes,
(Asi les predicaba los domingos)
¿Cuando ha de haber enmienda en las costumbres?
Hace ya muchos años que la pido.
Desde que me enviaron á la aldea
No ceso de clamar. ¿Y qué consigo?
El carnicero roba; en las tabernas
Sin pudor ni conciencia se agua el vino.
Siempre está el escribano hecho una cuba;
Siempre hay monte en la sala de cabildo;
Y hasta las hijas del señor alcalde,
Van al anochecer por esos trigos."
El sacristan, por rara petulancia,
Lo interrumpió una vez diciendo á gritos:
"Señor Cura, la gente ya bosteza,
Y se queda dormida de fastidio.
Ese sermon se sabe de memoria.
Diez años hace al menos que lo oímos."
"Y diez años tambien hace, á lo menos,
(El buen Cura repuso, algo sentido)
Que tu gastas en locas francachelas
La limosna que cae en los cepillos.
¿Te has enmendado acaso? Ni por esas.
De cada cual podré decir lo mismo.
Si persistis en culpas arraigadas,
En el mismo sermon tambien persisto;
Cuando os causeis de oir mis reprimandas,
Fácil es el remedio que os indico:
Mudad todos de vida, y al instante
A mudar de sermon tambien me obligo."

X.

EL HOMBRE Y MORFEO.

Dando contínuas vueltas en la cama
Estaba un infeliz; las horas cuenta,
Desde el anochecer al nuevo dia,
Sin que el sueño á sus ojos bajar pueda.
Entonces á Morfeo se dirige:
"¿Es posible, cruel, que no te duela
Mi largo padecer? Cuando derramas
Sobre la especie humana tus tinieblas,
¿Porque me las rehusas?" — "Mentecato,"
El númen le responde: "¿á mi te quejas?
Quéjate á la pasion que te domina,
A las negras fantasmas que te cercan,
Cuando, en pos de una dicha engañadora,
Te inflamas, te fatigas, te atormentas.
Y si el blando reposo solicitas,
Del agitado corazon destierra
La incansable ambicion que te avasalla,
Y yo te haré dormir á pierna suelta."

XI.

EL SORDO Y EL CIEGO.

Caminaban juntos
Por unos repechos,
Un amigo sordo
Y un amigo ciego.
No sé por qué causa,
La ruta perdieron,
Mas sé que pararon
Dudosos, inciertos.
El sordo decia:
O soy un mostrenco,
O tira el camino
Por el lado izquierdo.
— ¿Y en qué lo conoces?
— En que estoy oyendo
La bulla y los gritos

De los arrieros.
El ciego responde:
¡Valiente camueso!
¡Si al lado contrario
Los estoy yo viendo!
Terrible algazara
Levantan sobre esto;
Mas nunca he sabido
Como paró el cuento;
Pues desde que he visto
Con cuanto despejo,
El médico opina
De causas y pleitos,
Y el jurisconsulto
De males de nervios,
De libros el jóven,
De modas el viejo,
Y otros desatinos
No menores que estos,
He dado palabra
De quedarme neutro,
En toda disputa
De sordos y ciegos.

XII.

EL BANQUETE DE FILÓSOFOS.

Muy llenos de proyecto de reforma,
Algunos sabios de cabeza vana
Quisieron dar la inalterable norma
   De la ventura humana;
Inundar á la tierra de opiniones,
   Tratando á las naciones
   Como á niños de escuela.
"Es un horror, decían; el trastorno
Del sistema moral nos deconsuela.
   ¿A quien no da bochorno ·
Tanta depravacion? Del Volga al Tibre,
Solo trata la gente de ser libre.
Todos, hasta los negros mas bozales,
   La echan de liberales,
Junto á cada monarca hay un abismo,

Y el republicanismo
Propaga ya sus dogmas corruptores.
    Nosotros que podemos,
Este horrible desórden atajemos."
Con entusiasmo aplauden los doctores
    Tan saludable idea.
"Empiece de mañana la tarea,
Uno de ellos clamó, comamos juntos,
Y al compás del bocado y del traguillo,
Se podrán discutir estos asuntos."
"Mas, sobre todo, dijo el mas sensato,
    Sea banquete sencillo,
    Sin lujo, sin boato,
Con poco vino, y menos ceremonia
Porque, segun Platon, la parsimonia ..."
    "Yo me encargo, señores, del banquete,
Que en estos lances mi talento brilla."
    Asi habló un mozalvete,
Que era el mas comilon de la pandilla.
    Llega el dia siguienta,
Y aparece la mesa guarnecida
    De vianda escogida.
    Perfuman el ambiente
    La sopa de tortuga,
Y del pavo la mórbida pechuga;
Aves rellenas, peces exquisitos,
    Faisanes y chorlitos,
    Ansares de Bayona,
Budines, cremas, tortas, mantecados,
    Y postres delicados;
En fin, todos declaran con franqueza
Que era mas que comida, comilona.
    Tras de la sopa empieza
Con raudo paso á circular el vino.
Uno se inclina al Rhin, otro al Oporto,
Este prefiere el Cabo, por mas fino;
Mas ninguno en beber se queda corto.
Cuando el café sirvieron, nuestros sabios,
    Trémulos ya los labios,
Se acuerdan del proyecto consabido.
Interrumpiendo el general ruido,
Uno, que se mantuvo algo sereno,
    Dijo: "¿No será bueno,
    Que el concurso beodo
Vaya á dormir la mona antes de todo?"

XIII.

El Leon, el Elefante y el Perro.

Delante del vencedor del gran Darío,
Con noble orgullo y generoso brío,
Un perro de la Albania se presenta.
El héroe Macedon (Plinio lo cuenta)
Manda que lo presenten al instante
A un leon carnicero y arrogante.
El combate fué corto, mas horrible.
A la ancha criu del animal terrible
El albanés furioso se abalanza.
¿Quien vió en un can tan bárbara pujanza?
Pero cedió el leon: la blanca arena
Quedó de sangre y de despojos llena.
Alejandro queriendo aun otra prueba,
Con mas digno rival la lid renueva.
Al circo un elefante comparece.
Al mirarlo se espanta y estremece
Quien triunfó del leon, y la asamblea
Entre palmada y silbo titubea.
Mas nada su corage atemoriza.
Ladrando con furor el pelo eriza,
Mide el coloso, su poder calcula,
Y con falsos ataques disimula
Los que medita, como suele Marte
En vez de fuerza recurrir al arte.
Ciento y mas veces con presteza gira
En torno del contrario; se retira,
Se adelanta, se dobla, y donde quiera,
Rauda se torna la africana fiera.
Mas no obstante el esfuerzo que la asiste,
Su cabeza se aturde, y no resiste.
Túrbanse sus miradas, y cayendo,
Tembló el anfiteatro con su estruendo.

A los grandes mi aviso se endereza.
¡Ay del grande, que pierde la cabeza!

XIV.

El Hombre y el Arbol.

Levantando el campesino
Con brazo intrépido el hacha,
El amenazado roble
Le dirige estas palabras:
Detente, inhumano; ¿olvidas
Con cuanto placer descansas
Bajo mi benigna sombra
En las siestas abrasadas?
¿No sabes, que en su recinto
Vienen las lindas zagalas,
Ora á decir sus amores,
Ora á tejer sus guirnaldas?
¿Quien, si mi tronco destruyes,
Dará abrigo á la calandria,
Cuando en el mayo florido
Sus dulces endechas canta? —
Es cierto, el villano dice,
Pero la cuenta mas clara,
Es que ganaré tres onzas
Cuando te venda en la plaza.
Vergüenza me da decirlo:
Pero la familia humana
Nada en el mundo respeta,
Cuando de interés se trata.
Por él la inocente virgen,
Cubierta de pena amarga,
Con el hombre que aborrece
Trémula llega á las aras.
Por él en la oscura noche,
La fiera traicion levanta
Puñal agudo, sonrie,
Y el sangriento golpe lanza.
El remordimiento á veces
Ruge, acusa y amenaza,
Pero á la voz imperiosa
Del interés todo calla.

FABULILLA.

El Ruiseñor, el Canario y el Buey.

Junto á un negro buey cantaban
Un ruiseñor y un canario,
Y en lo gracioso y lo vario
Iguales los dos quedaban:
Decide la cuestion tú,
Dijo al buey el ruiseñor,
Y metiéndose á censor,
Habló el buey, y dijo: *Mu.*

JUAN BAUTISTA ARRIAZA.

FÁBULAS DE PABLO DE XÉRICA.

I.

El Raton dentro del Queso.

Mientras en guerras
Se destrozaban
Los animales
Por justa causa,
Un ratoncillo
¡Que bueno es eso!
Estaba siempre
Dentro de un queso.

Juntaban gentes,
Buscaban armas,
Formaban tropas,
Daban batallas,
Y el ratoncillo
¡Que bueno es eso!
Siempre metido
Dentro del queso.

Pasaban hambres
En las jornadas,
Y malas noches
En malas camas;

13*

Y el ratoncillo
¡Que bueno es eso!
Siempre metido
Dentro del queso.

Ya el enemigo
Se ve en campaña:
Al arma todos,
Todos al arma;
Y el ratoncillo,
¡Que bueno es eso!
Siempre metido
Dentro del queso.

A uno le hieren,
A otro le atrapan,
A otro le dejan
En la estacada;
Y el ratoncillo
¡Que bueno es eso!
Metido siempre
Dentro del queso.

Por fin lograron,
Con la constancia,
Sin enemigos
Ver la comarca,
Y el ratoncillo
¡Que bueno es eso!
Siempre metido
Dentro del queso.

Mas ¿quien entonces
Lograr alcanza
El premio y fruto
De tanta hazaña?
El ratoncillo
¡Que bueno es eso!
Que siempre estuvo
Dentro del queso.

II.

El Leon enfermo y la Zorra.

Como enfermase el leon,
A visitarle llegaron,
Segun es uso y costumbre,
Inquietos los cortesanos.
Muy infelices seremos,
Decian, si nos quedamos
Sin monarca tan piadoso,
Tan liberal y tan sabio.
Animal hubo en el corro
Que en tono muy encumbrado
Puso al leon en las nubes,
Con los encomios mas altos.
Accidentóse el enfermo
De suerte que á breve rato
Corrió entre los animales,
Que el rey habia espirado.
En esto dijo la zorra,
Que mas le habia elogiado:
Pues, señores, si está muerto,
Bien podemos hablar claro:
Digamos ya sin rodeos
La verdad en canto llano.
El tal rey ha sido siempre
Un verdugo sanguinario,
Un déspota, el mas injusto,
El mas ingrato y tirano ...
Pero al oir un rugido,
Añadió: ¡Cuerpo de tantos!
¿Aun vive? No he dicho nada.
¡Viva nuestro soberano!

III.

El Baile de los Brutos.

Dieron los brutos un baile.
Y asistir quiso formal
El burro, por no ser menos,
Como todas los demás.

Tambien fué de los primeros
Aquel cerdoso animal,
A quien de ordinario pintan
Con san Antonio el Abad.
No bailaron por supuesto,
Porque ¿como han de bailar
Personas de tal empaque,
Y de tanta gravedad?
El mono, el perro y el oso,
Sí, como era de esperar,
Bailaron bien, y lucieron
Su extremada habilidad.
Y á pesar de las envidias,
Que nunca suelen faltar,
Lograron en el concurso
Un aplauso general.
   ¿Y el cerdo y asno qué hicieron?
Quizá me preguntará
Algun lector muy curioso;
Y le añadiré veraz:
Lo que hicieron uno y otro
Bien se puede adivinar:
El cerdo estuvo roncando,
Y el burro dió en rebuznar.
   ¿A qué comedia ó concierto,
A qué baile ó sociedad,
No asiste un par de zopencos
A dormir ó á criticar?

———————

IV.

El Muchacho y el Perro.

   Yendo un muchacho á la escuela,
Con el almuerzo en la mano,
Cierto perro conocido
Le fué siguiendo los pasos.
Hacíale zalamero
Muchas fiestas con el rabo,
Poniéndosele delante,
Y dando continuos saltos.
Bien sé yo lo que tú quieres,

Dijo risueño el muchacho,
¡Picaron! y al decir esto,
Le dió un mendrugo tamaño.
Doblaba el perro las fiestas,
Multiplicaba los saltos,
Segun veia que el niño
Mendrugos iba arrojando.
Mas cuando vió que el almuerzo
Del todo se hubo acabado,
Entonces, rabo entre piernas,
Se alejó, mas que de paso.
Como quien mira visiones,
Se quedó el jóven incauto
Sin almuerzo y sin amigo.
      ¡Pobre inocente! los años
Le enseñarán que en el mundo
Tan vil proceder no es raro.

———

V.

El Amor y el Pudor.

      Como era tan niño Amor,
Y siempre queria holgar,
Le solia acompañar
Muy solícito el Pudor.
Déjame, le dijo un dia,
Que yo no me perderé;
Por todas partes iré
Sin tu eterna compañía.
Y el Pudor le replicó:
¿No quieres ya mis consejos?
Pues á fé que no irás lejos
Si no te acompaño yo.   •

VI.

LA RAPOSA.

Cogieron en un lugar
Una maldita raposa,
Y ella quiso maliciosa
Sus rapiñas disculpar.
Señores, dijo al concejo,
Mirad la cosa muy bien,
Examinando tambíen
Las leyes del fuero viejo,
Y hallareis que las raposas,
Por derecho incontestado,
Por siempre han acostumbrado
Ser mas ó menos golosas.
Tanto es esto, que imagino
Que el comer yo algun pollito,
Lejos de ser un delito,
Es de derecho divino.
En la zorra es natural
Alegar tales razones;
Peró en España hay bribones
Que gastan lógica igual.
Y si habemos de admitir
A ciegas los disparates
De tan insignes orates,
Sin poderles arguir,
Todo abuso y desatino,
Las mas insignes patrañas,
Las prácticas mas extrañas
Son de derecho divino.

VII.

LA NOVEDAD.

A cierto pueblo llegó
La Novedad muy lujosa,
Y cada cual que la vió,
La calificó de hermosa.
Decian: Si esta doncella

Se quisiese aquí fijar,
Mucho pudiera brillar
Nuestra sociedad con ella.
Como la bella venia
De una corte muy lejana,
Y aceptó de buena gana
Descansar allí aquel dia,
Esperan si fijará;
Mas los curiosos la vieron
Al otro dia, y dijeron:
¡Jesús, y qué vieja es ya!

VIII.

El Deseo y el Goce.

Suspiró el Deseo,
Y el Goce le dijo:
¡Que triste te veo!
Consuélate, hijo.
Demos sin tardanza
Fin á tus dolores;
Puedan tus amores
Cumplir su esperanza.
Ven, hijo, conmigo:
Recobra el reposo;
Ven, pues soy tu amigo:
Yo te haré dichoso.
Con esto en su seno
Cogióle, le dió
Su dulce veneno,
Y al punto espiró.

IX.

El Cuco y el Grajo.

El Grajo fué á la ciudad,
Y cuando al bosque volvió,
El Cuco le preguntó
Con necia curiosidad:

¿Es admirado en el dia
De nuestro canto el primor?
¿Que dicen del ruiseñor
Y su grata melodia?
¿Que opinion forma la gente
De la alondra que hasta el cielo
Remonta alegre su vuelo,
Cantando tan dulcemente?
— A todos el canto agrada
De los dos. — ¿Pero de mí
Qué se piensa? Vamos, dí.
— De tí nadie dice nada.
— ¡Como que nada! ¡pues qué!
¿No me tienen por cantor?
¿Me hacen tan poco favor? ...
Peró yo me vengaré.
Ya que conmigo es injusto
Y poco imparcial el hombre,
Yo celebraré mi nombre,
Y lo haré mas á mi gusto.

EPIGRAMAS Y FRIOLERAS.

BALTASAR DE ALCÁZAR.

EPIGRAMAS.

I.

Donde el sacro Bétis baña
Con manso curso la tierra,
Que entre sus muros encierra
Toda la gloria de España,
   Reside Inés la graciosa,
La del dorado cabello:
¡Peró á mí qué me vá en ello!
Maldita de Dios la cosa.

II.

Revelóme ayer Luisa
Un caso bien de reir:
Quiérotelo Inés decir
Porque te caygas de risa:
   Has de saber que su tia:
No puedo de risa, Inés:
Quiero reirme, y despues
Lo diré, cuando no ria.

III.

Magdalena me picó
Con un alfiler un dedo:
Díjela: picado quedo,
Pero ya lo estaba yo.
Rióse, y con su cordura
Acudió al remedio presto:
Chupóme el dedo, y con esto
Sané de la picadura.

IV.

Tiene Inés por su apetito
Dos puertas en su posada,
En una un hoyo á la entrada,
En otra colgado un pito.
Esto es avisar que cuando
Viniere alguno pidiendo,
Si ha de entrar entre cayendo,
Sino cayendo pitando.

V.

Mostróme Inés por retrato
De su belleza los piés,
Y le dije: Eso es Inés
Buscar cinco piés al gato.
Rióse, y como eran bellos,
Y ella por estremo bella,
Arremetí por cogella,
Y escapóseme por ellos.

VI.

Tu nariz, hermosa Clara,
Ya vemos visiblemente
Que parte desde la frente,
No hay quien sepa donde pára:
  Mas puesto que no haya quien,
Por derivacion se saca,
Que una cosa tan bellaca
No puede parar en bien.

DIANA Y ACTÉON.

EPIGRAMA.

Diana tan rigurosa ·
Contra Actéon se enojó
Porque desnuda la veó, ·
Que pienso que no era hermosa.

En ciervo le ha transformado
La humana forma primera.
Pobre dél! que mas hiciera
Cuando la hubiera gozado.

QUEVEDO.

LA DEVOTA.

EPIGRAMA.

En escrupulosa da
Clice con estremo tal,
Que en pecado venial
Un breve instante no está:
Infúndele tanto horror
La muerte siempre temida,
Que por dormir prevenida
Duerme con su confesor.

Clice, con tanto fervor
A la devocion te aplicas,
Que solo te comunicas˙
Á tu sabio confesor:
Suyos son tus regocijos
Y suyos son tus pesares,
Temiendo estoy que si páres
Han de ser suyos tus hijos.

ANÓNIMO.

FRANCISCO PACHECO.

EPIGRAMAS.

I.

EL PINTOR Y EL GALLO.

Pintó un gallo un mal pintor
Y entró un vivo de repente,
En todo tan diferente,
Cuanto ignorante su autor.

Su falta de habilidad
Satisfizo con matallo,
De suerte que murió el gallo
Por sustentar la verdad.

II.

Sacó un conejo pintado
Un pintor mal entendido,
Como no fué conocido
Estaba desesperado:
Mas halló un nuevo consejo
Para consolarse, y fué
Poner de su mano al pié,
De letra grande: *Conejo*.

EL JURAMENTO.

Juró Filis en vano
Para vencer cierto recelo mio,
Que moro ni cristiano
No triunfaria jámas de su alvedrío:
Ríndese á los presentes de un judío,
Y lo que yo mas siento,
Jura, que no ha quebrado el juramento.

TOMÉ DE BURGUILLOS.

EPIGRAMA.

Quatro dientes te quedaron
(Si bien me acuerdo); mas dos
Elia, de una tós volaron,
Los otros dos de otra tós.
Seguramente toser
Puedes ya todos los dias,
Pues no tiene en tus encías
La tercera tós que hacer.

BARTOLOMÉ LEONARDO DE ARGENSOLA.

EPIGRAMAS DE SALVADOR JACINTO POLO DE MEDINA.

I.

A UN CALVO, QUE SE ATABA EL PELO.

Con trenza de pelo atada,
Porque á calva se endereza,
Llenas, Tristan, la cabeza,
Ó calabaza ensayada.
　Loco te juzgué por ello;
Y ahora advertido hallo,
Que eres muy cuerdo en atallo,
Porque te se va. el cabello.

II.

A una vieja, que ignoraba
Quince lustres que tenia,
Y un mondadientes llevaba,
Aunque sin ellos estaba,
Un galan le dijo un dia:
Deja los impertinentes
Modos, de engañar las gentes,
Con que mientes desengaños,
Clenarda, porque tus años
Son el mejor mondadientes.

III.

Tu piensas, que nos desmientes.
Con el palillo pulido,
Con que sin haber comido,
Tristán, te limpias los dientes;
Pero la hambre cruel
Da en comerte y en picarte
De suerte, que nos es limpiarte,
Sino rascarte con él.

IV.

Cavando un sepulcro un hombre
Sacó largo, corvo y grueso
Entre otros muchos, un hueso
Que tiene *cuerno* por nombre:
Volvióle al sepulcro al punto;
Y viéndolo un cortesano,
Dijo: Bien haceis, hermano,
Que es hueso de ese difunto.

V.

Entré, Lauro, en tu jardin,
Y ví una dama ó lucero,
Y una vieja ó Cancerbero,
Que era su guarda y mastin:
Es todo tan excelente,
Que me pareció el vergel
Que Adan perdió, viendo en él
Fruta, flor, Eva y serpiente.

VI.

A UN MAL POETA, QUE SE SANGRÓ.

Que ha sido vuestra. sangría
Acertada dicen cuantos
Saben, Gil, que teneis tantos
Pujamientos de poesía;
Mas yo digo, que es engaño
Afirmar, que ha sido buena
La sangría de esa vena,
Si teneis en otra el daño

VII.

A UN BORRACHO, QUE HACIA COPLAS.

Señor Alonso Escudero,
Si mandais para el Parnaso
Alguna cosa de paso
Hoy se parte el mensagero;
Mas vos iréis mas ligero,
Que aunque es áspero Helicona,
Subiría vuestra persona
Como tan veloz y activa:
Que por una cuesta arriba
Mejor camina una mona.

ESTÉVAN MANUEL DE VILLEGAS.

EPIGRAMAS AL ESCURIAL.

I.

Pirámides, muros, templo,
Huertos, túmulos, coloso,
Y el que por grande contemplo
Anfiteatro famoso,
Todos callen con mi ejemplo.
   Soy lo que siempre seré,
Fueron lo que ya no son,
Y no es mucho, pues se vé
En ellos la poca fé,
Y en mi la gran religion.

II.

   Soy el primero y me fundo
En larga posteridad,
Bien que mi padre en el mundo
Por nombre y por calidad,
Es primero y fué segundo:
   Pues no pases en silencio
Lo que ya me diferencio
De ayer acá, si en un dia
Mudé el campo en policia,
Y el robredal en Laurencio.

EPIGRAMA DE JUAN BAUTISTA ARRIAZA.

A UNA MORENA QUE NEGABA SU AMOR.

Niega estar enamorada
Cierta morena hermosura:
La creen porque lo jura
Sin ponerse colorada:

Al contrario yo presumo,
Del juramento á despecho,
Que guarda fuego en su pecho,
Pues le sube al rostro el humo.

EPIGRAMAS DE FRANCISCO DE LA TORRE.

I.

Unos á otros se embarazan
A así el mundo aplaude ó ofende,
Al muerto porque no vive,
Al vivo porque no muere.

II.

Por dejar empleos vanos,
Mi mejor poeta es
No aquel que ajusta los piés,
Sino el que alarga las manos.

III.

De un necio la audaz propuesta
Con dificultad se muda
Y es la razon manifiesta,
Porque la mas ruda testa
Siempre es la mas testaruda.

IV.

Si es ley que á mi compañero
He de amar como á mí propio,
Bueno será amarme mucho
Para no quererle poco.

V.

Haces de todo desden,
Á nada crédito das
Ni has creido ni creerás
Por siempre jamás amen.
Y cuando todos te ven
A todo incrédulo así,
Crees lo que nunca creí,
Ni es de creer que eres sabio
Y que han de creerte á tí.

———————

EPIGRAMAS DE JUAN PABLO FORNER.

I.

Que siempre lastima y hiera
Mi estilo en prosa y en verso
Culpas, Lupo; mas, espera:
Si tú no fueras perverso,
Dí, ¿satírico yo fuera?
Hablar bien de tu codicia,
Disolucion y malicia,
Fuera calumnia mortal:
Hablar mal del que obra mal,
Lupo, es hacerle justicia.

———————

II.

Cuatro horas gasta en peinarse
La graciosisima Inés,
En atraviarse tres,
Y cuatro en beber y hartarse.
Nadie la culpa en rigor
De su ocioso proceder;
Lo que ella tiene que hacer
De noche se hace mejor.

III.

En casa, en palacio, en calles,
Cual sombra tuya, ¡o Seyano!
Te sigue y te adula Hircano
Para que á mano le halles:
    ¿Te fatiga? No batalles
Sobre qué medio darás
Para no verle jamás:
Deja, Seyano, tu puesto;
De él te librarás bien presto,
Y de tí nos librarás.

———

IV.

Á UN AGONIZANTE, AUTOR DE UNA OBRA MUY ENFERMA.

Cuando de formar trataste
Libro tan lánguido y triste,
A un tiempo le concebiste,
Paulino, y lo agonizaste.
    Pudo no impreso vivir;
Mas luego que á luz salió,
Todo el mundo conoció
Que le ayudaste á morir.

———

V.

Era Inés de Gil querida,
Y ella le dió una manzana,
En lo exterior bella y sana,
En lo interior muy podrida.
    Partióla, y dijo: Inés, dí,
Desengáñame por Dios,
Si nos casamos los dos
¿Te tengo de hallar asi?

VI.

No dudo, Gil, que eres sabio,
Y que en tu cabeza hueca
Se hospeda una biblioteca,
Y un calepino en tu labio.
De confesarlo no huyo;
Pero aquesos lucimientos
Son de otros entendimientos:
Sepamos cual es el tuyo.

VII.

Contra los semieruditos
Sátiras hace Cleon,
Gastando en la reprension
Trescientos versos malditos.
Cuanto es pródiga además
Su caridad, ved aquí:
Deja de curarse á sí
Por curar á los demás.

VIII.

Murió Espurco el avariento,
Y aun en la muerte mezquino,
A un ruinísimo sobrino
Dejó el tesoro opulento.
La muerte misma quedó
Vencida en ardid tan raro:
Pudo extinguir el avaro,
Pero la avaricia no.

EPIGRAMAS DE JOSÉ IGLESIAS DE LA CASA.

I.

Preguntö·á su esposo Irene:
Blas mio, cuando te absentas
Sin que tú me dejes rentas,
¿Que dirás que me mantiene?
No lo sé, respondió Blas;
Y ella le dijo: Inocente,
Mira un espejo de frente,
Quizá en él lo advertirás.

II.

Cediendo un dia un señor
A mi Inés el quitallueve,
La dijo de buen humor:
¡Jesús, muchacha, qué breve
Es en sus versos tu amor!
Dijóle ella: Cual el oro,
Señor, en poco lugar
Encierra mucho tesoro;
Tal es el númen que adoro,
Y usia ha de perdonar.

III.

Tocando ayer Luisa un pito,
¿Que avisas, dí? la pregunto,
Y dijo un su pagecito:
Es que está un pájaro á punto
De caer en el garlito.
Ella lo fué á displumar,
Que era un pichon delicado,
Criado en buen palomar;
Y apenas la hubo pelado,
Volvió su pito á tocar.

IV.

A solas en su aposento
Preguntó Blas á Gregoria,
¿Que cosa á tu pensamiento
Le causa mayor contento,
Y mas gusto á tu memoria?
   Ella toda se reia,
Sin dejarle de mirar.
Y halagüeña respondia:
Bobon, yo te le diria;
Pero vóyme á merendar.

V.

   Conmigo Inés se jugaba,
Y viendo yo que indecisa
En decir su amor estaba,
Decíala: Inés, acaba:
¿Qué temes, que estás remisa?
   No, Pepe, dijo, que eso es
Dar poco indicio de casta;
Y yo dije: basta, basta,
Ya estás entendida, Inés.

VI.

   Amaba el bien de la tierra
Un cirujano piadoso,
Y en rezar se halló dudoso,
Si por la paz, ó la guerra.
   Mas al ver las ocasiones
Que le dan Vénus y Marte
De hacer lucrativo su arte,
Salió de estas confusiones.

VII.

Por Enero Inés se halló,
De su faldon en lo interno,
Una pulga, y exclamó:
¡Qué, aun hay pulgas en invierno!
　Blas asiéndola la mano;
No extrañes, niña, el encuentro,
La dijo: porque ahi adentro,
Yo apostaré á que es verano.

VIII.

Dijo Paula á su velado:
Si visto con tal primor,
Echo mano del valor
Del dote que yo he llevado.
　Él la replicó: ¿Eso sabes?
Yo cerraré bien el cofre;
Y ella dijo: ¡Ay pobre Onofre!
Lo que me sobran son llaves.

IX.

Motejaron á un soldado
De que con impropio alarde
Seguia á Vénus cobarde,
Mas que al fiero Marte osado:
　Él replico: ¡Linda charla!
Antes obro muy prudente,
Pues Vénus sabe hacer gente,
Y Marte solo quitarla.

X.

Fingí quitarle á Leonor
Un anillito de un dedo,
Y gritóme: Estate quedo ...
¡Que hombre tan enredador!
Saqué yo otro singular,
Y á su dedo lo aplico;
Y entonces dijo: así, ¡ay chico
Yo te dejaré enredar!

XI.

Al bosque fué Inés por rosas
Una mañana de Mayo;
Cogióla un cierto desmayo,
Divertida en ciertas cosas;
¿Qué desmayo este seria?
Juguete acaso de amores;
Y es que cuando fué por flores,
Perdió la que ella tenia.

XII.

Díjome Inés: Esta tarde
Se va á Toro mi marido;
Yo la dije comedido,
Dios de ladrones le guarde.
Ella se empezó á reir,
Como que no la entendia:
Ahora bien, ¿qué me queria
La taimada Inés decir?

EPIGRAMAS DE FRANCISCO GREGORIO DE SALAS.

Á UN CORREO.

Aguanta, sufre y espera,
Que al fin te habrán de premiar,
Pues no te podrán negar
Que eres hombre de carrera.

EPITÁFIO PARA UN TABERNERO.

Aquí yace un tabernero,
Que en los minerales de agua
Supo encontrar para sí
Las minas de oro y de plata.

Á UN ALFÉREZ ARRESTADO POR SER CORTEJO DE UNA SEÑORA CASADA.

De su arresto tan violento
Dicen que la causa ha sido,
El ser contra reglamento
Alférez de un regimiento,
Y ayudante de un marido.

A LA PESADA URNA DE PLATA DE UNA SANTA.

Si con tanta plata pesa
Una muger siendo santa,
¡Cuanto no pesarán otras
Sin serlo, y sin tener plata!

LOS CAÑONES.

Estos cañones de bronce,
Mas que de cisne elocuentes,
Son para persuadir
Cicerones de los reyes.

A UN CLÉRIGO QUE CANTABA EL PATER NOSTER, MUY DESENTONADO.

Tan mal cantó el Pater noster,
Que nunca el coro entonado
Respondió con mas razon:
Sed libera nos á malo.

CONFESION INGÉNUA DE UNA MUGER JÓVIN.

A un viejo quiero y á un mozo,
Aunque por distinta ley;
Pues al mozo es por su cara,
Y al viejo por la del rey.

LAS CUATRO URGENCIAS MAS INEVITABLES DEL HOMBRE.

Las cuatro mas necesarias
Urgencias del hombre son,
A mi corto parecer,
Hombre, sed, sueño y amor.

A UN HIJO DE MADRID MUY PESADO, MUY GORDO Y MUY NECIO.

Musas, á todos decid,
Y decidlo con empeño,
Que este en vez de madrileño,
Es un leño de Madrid.

EL GENTIO QUE CONCURRE Á PASEARSE AL PRADO.

En la baraja del Prado
Hay muchos bastos y copas,
Pocos oros, muchos ases,
Malillas siempre de sobra,
Y con los inmensos coches
Arrastres á todas horas,
Algun caballo de espadas,
Ningun rey, y muchas sotas.

A UN COCINERO QUE SE HABIA SEPARADO DE SU MUGER.

Mal á su muger quería
Un cocinero afamado,
Y acaso consistiria
En que él guisados hacia,
Y ella algun desaguisado.

A LA MUERTE DEL AUTOR PARA CUANDO LLEGUE EL CASO.

Mi epigramático genio
Pide á Dios con eficacia,
Que cuando llegue la hora,
Sea en su divina gracia
Mi muerte tan breve y buena,
Como el mejor epigrama.

MADRIGAL.

A CIERTO AMIGO DE LAS SEÑAS SIGUIENTES:

En tu escasa fortuna te imagino
El hombre afortunado,
Que en este mundo inquieto
Puede vivir mas quieto,
Alegre y descuidado;
Pues en todo parage y ocasiones,·
Para vivir tranquilo sin segundo,

Tu pobreza te libra de ladrones,
Tu pequeño destino de envidiosos,
Y tu fea muger de licenciosos:
Ve si hay mas que temer en este mundo.

EPIGRAMAS DE LEON DE ARROYAL.

I.

A Don Roque.

Pregúntasme, don Roque, ¿cuándo pienso
Buscar una muger, para casarme?
Ahora aun soy mozo, y es temprano,
Luego ya seré viejo, y será tarde.
Temprano es para el mozo, si no tiene
De un sabio viejo la prudencia grande;
Y tarde para el viejo en no sintiendo
La robustez de un mozo y el corage.

II.

De los médicos.

No sin misterio toga en Salomanca
Los médicos se visten gravemente;
Para que asi conozca quien los mire,
Que son los consejeros de la muerte.

III.

De un buen hombre.

Al salir un buen hombre de una corte,
Donde observó costumbres, trato y porte,
A verla muchas veces se volvía;
Y como de uno fuese preguntado
En qué tanto mirarla consistía,
Dijo: Sabed que estoy avergonzado
Al ver que he estado en el burdel un dia.

IV.

A Severo.

Si un horadado cuerno de carnero
Sembrándole da espárragos, Severo,
Adonde entierren, dí, tu calavera,
¿No nacerá una grande esparraguera?

V.

De los casados.

Dos dias tienen buenos los casados,
Y son el que se casan y se entierran:
El uno porque ignoran lo que yerran,
El otro porque están desengañados.

VI.

A Ramon.

¡O si explicar pudiera mi contento
Por tu feliz y amable casamiento!
¿Qué otra apetecerias por esposa
Que una dama que es jóven, rica, hermosa
Y discreta? Ramon, eres dichoso,
Y á nadie estarle debes envidioso;
Aunque si lo miramos con cordura,
Al fer tu fealdad y su hermosura,
Vendrémos á sacar, que en varios modos
Tú serás suyo, ella será de todos.

VII.

A un casado.

Como el asnillo é Isis, tú y tu esposa
Sois; y como tú llevas á la Diosa,
No por tí, si por ella, los sombreros

Te quitan los soberbios caballeros;
Y presto añadirán, por mas decoro,
El echarte la capa como á toro.

VIII.

A Lucia.

Si contamos tu edad por tus cabellos,
Cumples, Lucia, si es que no me engaño,
Unos catorce ó quince en este año.

IX.

A Paula.

Quieres con Don Juan casar,
Paulilla, y lo entiendes bien:
No quiere él matrimoniar,
Don Juan lo entiende tambien.

X.

De mi mismo.

De la pasion del amor
Me resultó calentura;
Pero aúnque intentó la cura,
Nunca la acertó el dotor;
Que no alcanza á lo interior
Toda la medicatura.
Viendo su cura prolijo
Ineficaz, á Galeno
Maldijo de furor lleno;
Mas yo dije: No se aflija,
Recéteme usté á su hija,
Verá como quedo bueno.

XI.

DE INÉS.

Al ir á saltar las aguas
Del Zurguen la bella Inés,
Quiso mostrarnos los piés,
Y echó á volar las enaguas.
Mas yo luego al reparar
Tal accion, miré á unas peñas,
Y dije: No quiero señas
De casa en que no he de entrar.

XII.

DE JUAN.

Segun Juan es comedor,
O es venado, ó cazador.

XIII.

A LUISA.

Una palma, Luisa, tienes
Muy bordada, aunque pequeña,
En tu balcon, que esta seña
De tu doncellez mantienes.
Pero si se ha de decir
Claro el modo de pensar,
Luisa, llego á maliciar
Quiere al dátil aludir.

XIV.

A JUAN.

Al punto que te casaste
Entró el sol en Capricornio.
Juan, tu muger es muchacha,
Tú viejo: ergo ... no eres bobo.

XV.

DE UNA NIÑA.

Una contradanza, en misa
Oyendo cierta mañana,
Dijo una niña á su hermana,
¿Va á bailar el cura, Luisa?

XVI.

A DON PABLO.

Por adquirir fama expones
Hacienda y honra, Don Pablo;
No baya miedo que yo anhele
Viendo que cuesta tan caro.

XVII.

DE DON TADEO.

Alegre y sano conmigo
Cenó a noche Don Tadeo,
Y esta mañana en su catre
Diz le han encontrado muerto
¿Y quieres saber la causa
De un tan hórrido suceso?
Es que al médico Don Jorge,
Dicen que le vido en sueños.

XVIII.

A DON SEBASTIAN.

Noble eres, Don Sebastian,
En tus enredos lo dices,
Y ser plebeyo desdices
En lo pobre y holgazan.

XIX.

De los sabios del dia.

A la espuma se parecen
Muchos sabios de estos tiempos:
Si se les mira, montañas,
Y se les toca, viento.

XX.

A Juan.

Mucho ofreces, nada das:
Mucho hablas, nada cierto:
Mucho debes, nada pagas:
Juan, muestras ser caballero.

XXI.

A Inés.

Por la feria todo el dia
Vas los pechos descubriendo;
Inés, mejor es que digas
A voces: ¿Quién compra pechos?

XXII.

De los reyes.

Servir y amar á los reyes
Es una cosa muy buena;
Pero mirarles la cara,
Solamente en la moneda.

XXIII.

A SIMON.

A soldado de marina
Te han destinado, Simon:
A soldado de bodega
Hubiera sido mejor.

XXIV.

A ALFONSO.

Por no ir á Orán te has casado,
Alfonso, y no has hecho bien;
Pues te irá en el matrimonio
Mucho peor que en Argel.

XXV.

DE ANTONIA.

Opilada está Antoñita
De comer tierra, es muy cierto;
Porque á la verdad los hombres
No creo sean de queso.

XXVI.

DE CATALINA.

Preñada está Catalina,
Y sin duda será bello
El chiquillo: pues á hacerle
Mil maestros concurrieron.

XXVII.

DE LOS HIPÓCRITAS.

Aunque la culebra arrastra,
Si la pisan, silba y muerde:
¡Cuántos humildes del mundo
Obran de la misma suerte!

XXVIII.

DE JUANA.

Temiendo que mal de ojo
Le hiciesen á su marido,
Le puso Juana dos hijos,
Y libróle del peligro.

XXIX.

DE DON RODRIGO.

Ser brigadier Don Rodrigo
Quiere sin ir á campaña,
Sin oir un cañonazo,
Y sin sentir una bala;
Bien que su mérito tiene
Patente en seis cuchilladas:
Tres en los países bajos,
Tres arriba en la garganta.

XXX.

DE LOS PRETENDIENTES.

Son como los relojes
Los pretendientes,
Que en el dar bien consiste
Que los aprecien.
Y si cesa el dar,
Para archivo de polvo,
Vienen á quedar.

EPIGRAMAS LITERARIOS.

No en vano sueles llamar
Tus versos oro luciente,
Porque el fuego solamente
Los puede purificar.

————

No de severo me arguyas
Por no haberte referido
Mis obras, que solo ha sido
Por no escucharte las tuyas.

Autor incierto.

EPIGRAMA.

Tus ruegos se lograrán,
Clori, sin cuidado tanto
Si lo que pides al santo
Pidieres al sacristan.

Autor incierto.

EPIGRAMAS DE PABLO DE XÉRICA.

I.

RECETA PARA DORMIR.

Viendo la madre de amor
Que su niño no dormía,
Y temiendo se moria,
Se lamentó con dolor.
A los dioses acudió;
Mas poniéndole Morfeo
En el lecho de Himeneo,
Al momento se durmió.

II.

EL MATEMÁTICO.

No teniendo hijos García,
Matemático excelente,
Su triste muger decia
Al elogiarle la gente:
Yo no sé como ha logrado
Tan grande reputacion,
Estando tan atrasado
En la multiplicacion.

III.

EL CHIBO SIN CUERNOS.

Llevando Juan del mercado
Un gran chibo á su lugar,
Se le comenzó á tachar
Su novia por descornado.
Y él la replicó enfadado:
Colosa de los infiernos,
¿Ya quieres ponerle cuernos,
Y el pobre aun no se ha casado?

IV.

DE UN PERRO Y SU AMO.

Volviendo de un viage Agudo,
Se adelantó, cual solia,
Un perrito, que tenia,
Y se llamaba Cornudo.
Aquí esta el Cornudo, madre,
Gritó un hijo. — Ya le veo,
Dijo ella, por lo que creo
Que no está lejos tu padre.

V.

LA INGENUIDAD DE ISABEL.

Quejándome de Isabel,
Cuando con Blas se casó,
Mi lengua se desató,
Y la llamaba infiel.
Y ella, en tono suplicante,
Me dijo: Jamás lo he sido;
Mas si te agrada, querido,
Lo seré de aquí adelante.

VI.

LA NUEVA PENELOPE.

Por ganar fama de honesta
Vive todo el dia Cloe,
Retirada del comercio
Peligroso de los hombres.
Mas sucede á esta muchacha
Lo mismo que á Penelope:
Todo cuanto hace de dia
Lo deshace por la noché.

VII.

EL REPARTIMIENTO.

Morfeo, el Amor y yo
Repartimos una bella;
El Amor prendóse della,
Y el corazon se guardó.
Tú, Morfeo, llevarás,
Dije yo, sus ojos bellos;
Y apoderándose de ellos,
Tomé al punto lo demás.

VIII.

La muchacha esquiva.

¿Que buscas aquí? ¿que quieres?
Retira una y otra mano.
¡Bribon! cómo eres cristiano ...
¡Jesús! ¡qué pesado eres!
Tu arrojo me tiene muerta.
¿Si vienen? ... voy á llamar ...
No puedo ... chico, al entrar
¿Has cerrado bien la puerta?

IX.

Réplica oportuna.

Ha dado en decir la gente
Que con la bella Leonor
Casais vuestro hijo menor.
¿Es verdad? — Es evidente.
— Pues le falta todavia
Algun juicio. — ¡Voto á tal!
Si le tuviera cabal,
¿Pensais que se casaria?

X.

El diablo sabe mucho.

A Job el diablo tentó
Con tanta solicitud,
Que los bienes, la salud,
Y los hijos le quitó.
Mas, no pudiendo vencer
Su virtud con inquietarle,
Trató de desesperarle,
Y le dejó la muger.

XI.

DE DIANA Y ACTEON.

Diana cazadora y diosa
En ciervo á Acteon convirtió,
Con venganza rigurosa,
Porque en el baño la vió.
Los que contemplen sus astas,
Con razon decir podrán:
Si ponen cuernos las castas,
Las que no lo son ¿que harán?

XII.

A UN TRADUCTOR DE LA ENEIDA.

A Virgilio has traducido
En mal verso castellano;
¡Y nos dices muy ufano
Que imitarle has conseguido!
Si el imitar á Maron
Es tu verdadero intento,
Ordena en tu testamento
Quemar la tal traduccion.

EPIGRAMA DE NICOLAS FERNANDEZ DE MORATIN.

SABER SIN ESTUDIAR.

Admiróse un portugués
De ver que en su tierna infancia
Todos los niños en Francia
Supiesen hablar francés:
Arte diabólica es,
Dijo, torciendo el mostacho;
Que para hablar en gabacho
Un fidalgo en Portugal,
Llega á viejo, y lo habla mal,
Y aquí lo parla un muchacho.

EPIGRAMAS Y FRIOLERAS
DE JOSÉ JOAQUIN DE MORA.

I.

Cavía, escribano infernal,
En Madrid muy conocido,
No lleva ya en el vestido
La placa inquisitorial.
No por esto es mas humano,
Ni está de mejor humor,
Que si no es inquisidor
Cavía siempre es escribano.

II.

¿Cómo ha ganado Don Mendo
Tal fama de hombre de honor,
Que no hay en Madrid señor
Que no le estime? Mintiendo.
¿Cómo pudo Don Hernando
Dar á luz, malos o buenos,
Diez volúmenes al menos
En cuarto mayor? Copiando.

III.

Trages de modo y muy finos
Tiene Juana la elegante;
Pero nada es semejante
Al pañolon de merinos.
Gil, que celebrarlo oyó,
Dijo con tono sincero:
Pues, señores, el carnero,
Que da la lana, soy yo.

IV.

Gil, tras huracan furioso,
Llegó á regiones lejanas,
Y vagó muchas semanas
Por un desierto espantoso
Al fin divisó un aborcado
Y exclamó con gran consuelo:
Ya llegué, gracias al cielo,
Á un pueblo civilizado.

V.

Á Don Carlos.

De enemigo de las luces
Acusa el vulgo imprudente
Al monarca prepotente
De Bascos y Andaluzes.
Miente la fama embustera;
No hay tal cosa: yo lo digo.
¿Es de luces enemigo,
Quien gusta tanto de hogueras?

VI.

Juan, despues de un gran fracaso
Matrimonial, que yo sé,
Preguntó á Cosme: ¿Porqué
Dices *cuerno*, cuando paso?
Viéndolo marido tierno
Le respondió el socarron:
Dí, Juan, ¿y por qué razon
Pasas, cuando digo *cuerno*?

VII.

Ciento y cincuenta navios
Salgan prontos á la mar,
Que quiero reconquistar
Los reinos que fueron míos.
   Ministro de hacienda, dí,
En plata y en cobre, y oro,
¿Cuanto tiene mi tesoro? —
Señor, ni un maravedi.

EPIGRAMAS DE ALBERTO LISTA.

I.

Lazo de blandas flores
Me tejió el Amor:
Yo recibí inocente
La suave prision.
   Mas al romperlas,
¡Ay de mí! que la flores
Ya eran cadenas.

II.

Tú del bien de mi vida
El seno adornas,
¡O rosa! donde muero,
Mueres dichosa.
   Que de eso cielo
Te consume la envidia
Y á mi el deseo.

III.

Amoroso suspiro,
Vuela á mi bella;
Vuela tan silencioso
Que no te sienta:

Y si te siente,
Dile que eres suspiro,
No de quien eres.

IV.

Tiende, noche benigna,
Tu oscuro velo,
Que me importa la vida
Ver á mi cielo;
Y Amor me dice:
Que tu sombra y su venda
Me haran felice.

V.

No te contentes, Fabio,
Con ser querido:
Camina á la victoria,
Pues ya hay camino.
Muchos se pierden
Por dormirse á la sombra
De sus laureles.

VI.

Yo desdeñé zeloso
Su tierno halago;
Y ella los dulces ojos
Volvió llorando:
Y juez los zelos,
Ella fué la inocente,
Yo fuí el reo.

EPITAFIOS SATÍRICOS

Y DEL

CEMENTERIO DE MOMO.

EPITAFIO.

En esta piedra yace un mal Cristiano
   Sin duda fué escribano.
No, que no fué desdichado en gran manera.
   Algun hidalgo era.
No, que tuvo riquezas y algun brio.
   Sin duda fué judío.
No, porque fué ladron y lujurioso.
   Ser comerciante, o viudo era forzoso.
No, que fué menos cuerdo y mas parlero.
   Este que dices era caballero.
No fué sino poeta el que preguntas,
   Y en él se hallaron estas partes juntas.

Francisco de Quevedo.

EPITAFIO.

Aqui yace el murciélago alevoso
Que al sol horrorizó y ahuyentó el dia;
De pueril saña triunfó lastimoso,
Con cruel muerte pagó su alevosía.
No sigas, caminante presuroso,
Hasta decir sobre esta losa fria:
"Acontezca tal fin y tal estrella
A aquel que mal hiciere á Mirta bella."

Diego Gonzalez.

16*

EPITAFIO.

A Celestina.

Yace en esta tierra fria
　Digna de toda crianza,
　La Vieja, cuya alabanza
　Tantas plumas merecia.
No quiso en el cielo entrar
　A gozar de las estrellas,
　Por no estar entre doncellas
　Que no pudiese manchar.

Juan Antonio de Herrera.

EPITAFIOS.

I.

　Aquí yace sepultado
Junto al cristal de esta fuente
Un tabernero eminente
En darnos el vino aguado.
　Plata esta fuente le dió,
Que él supo en oro tornar,
Y asi aun muerto quiso estar
Con la que le enriqueció.

II.

Aquí yace, peregrino,
　Un mísero Perulero,
　Idólatra del dinero
　(Sacrílego desatino).
Mucho de un Indio burlaba,
　Que le dijo: Al Sol adoro:
　Y él adoraba en el oro
　Que el mismo Sol le criaba.

Alonso Gerónimo de Salas Barbadillo.

EPITAFIOS EN EL CEMENTERIO DE MOMO.

Yace aquí un mal matrimonio,
Dos cuñadas, suegra y yerno ...
No falta sino el demonio
Para estar junto el infierno.

¡En sepulcro de escribano
Una estatua de la Fé! ...
No la pusieron en vano;
Que afirma lo que no ve.

¿Ya hay pleito sobre el sepulcro,
Y aun no está el hombre enterrado?
¡Este sí que era letrado!

Yace aquí Blas ... y se alegra
Por no vivir con su suegra.

Agua destila la piedra,
Agua está brotando el suelo ...
¿Yace aquí algun aguador? —
No señor, un tabernero.

Un delator aquí yace ...
¡Chito! que el muerto se hace.

Aquí yace una donzella ...
Y han borrado *de labor* ...
Siempre es bueno hacer favor.

Yace en esta estrécha caja
El sastre mas afamado;
Y dicen que no ha robado ...
Al menos en su mortaja.

¡Cuñados en paz y juntos! ...
No hay duda que están difuntos.

————

Aqui yace una beata
Que no habló mal de ninguna ...
Perdió la lengua en la cuna.

————

Aquí un médico reposa,
Y al lado han puesto á la Muerte ...
Iban siempre de esta suerte.

————

.. Al pié del sepulcro un cuerno! ...
¿No admite dos el infierno?

————

Aquí un hablador se halla ...
Y por vez primera calla.

————

Aquí yace una viuda
Que murió de pena aguda,
Apenas hubo perdido
A su séptimo marido.

————

Aquí se enterró un suizo ...
Por el dinero lo hizo.

————

Aquí yace una soltera:
Rica, hermosa, forastera,
Que sordo-muda nació ...
¡Si la hubiera hallado yo!

————

Sub hoc tumulo ... adelante;
Que este será un pedante.

Aquí yace un andaluz ...
Por eso han puesto esta cruz.

———

Don Juan de Az-pei-ti-gu-rrea ...
Para el diablo que te lea.

———

Ya que no pide doblones,
Pide esta vieja oraciones.

———

Canónigo ... de repente ...
Y morir en Noche Buena! ...
Se le indigestó la cena.

———

Eche una limosna, hermano;
Y que no suene el dinero,
No reviva este usuero.

———

Aquí enterraron de balde,
Por no hallarle una peseta ...
No sigas: era poeta.

———

Una palma han colocado
En la tumba de Lucia ...
Es que dátiles vendia.

———

Aqui yace un cortesano,
Que se quebró la cintura
Un dia de besamano.

———

Aquí jaz o muy illustre
Senhor João Mozinho Souza
Carvalho Silva da Andra ...
Sobra nombre ó falta losa.

Aquí yace un juez de vagos,
Que en Madrid ocioso anduvo ...
¿Y en qué diablos se entretuvo?

Aquí reposa un francés ...
Al fin parado le ves.

Aquí yace entre laureles
Un gran autor de comedias,
Que murió helado en el patio
Sin que un cristiano lo viera.

Aquí yace sor Belen,
Que hizo almíbares muy bien,
Y pasó la vida enterá
Vistiendo niños de cera.

Aqui yacen cuatro socios,
Que juntaron gran caudal:
Un médico, un boticario,
Un cura y un sacristan.

Aquí yace el rey Ramiro,
Que libró á España de *feudo* ...
Al moro que hoy lo cobrare
La ganancia no la arriendo.

Aqui yace un oidor sordo ...
Un relator tartamudo ...
Un vista con cataratas ...
¡Pues anda bonito el mundo!

Aquí yace un contador,
Que jamás erró una cuenta ...
A no ser á su favor.

Un borrego han esculpido
En esta tumba modesta ...
¿Tuvo el difunto el toison? ...
Fué escribano de la Mesta.

Aquí á una bruja enterraron,
Chamuscada á fuego lento ...
Nunca es malo un escarmiento.

Aqui yace un cobrador
Del voto de rey Ramiro ...
¿No era mejor dar mugeres
Y quedarnos con el trigo?

Aquí yace un mayorazgo
Junto á su hermano mellizo:
Este se murió de hambre;
Y aquel se murió de ahito.

Aquí Susana reposa ...
Por supuesto no la *casta* ...
Con que usted lo diga basta.

Aquí yace un proyectista,
Que quiso dar por asiento
Agua, tierra, fuego y viento.

Aquí yace un egoista,
Que no hizo mal ni hizo bien ...
Requiescat in pace. Amen.

Aquí yace Don Matías,
Acusado de tacaño;
Y daba *gratis* al año ...
Pésames, páscuas y dias.

El general que aquí yace
Hizo lo mismo que el Cid ...
Entraba muerto en la lid.

Aquí yace un alquimista, ·
Que en oro trocaba el cobre ...
Y murió de puro pobre.

Aquí yacen dos maestrantes ...
Ocupados como antes.

MARTINEZ DE LA ROSA.

Imprenta de F. A. Brockhaus, Leipzig.

University of Toronto
Library

—

DO NOT
REMOVE
THE
CARD
FROM
THIS
POCKET

Lightning Source UK Ltd.
Milton Keynes UK
UKHW020823191218
334261UK00011B/949/P